novum  pro

ÁDÁM ZSUZSA

TUDATOS LÉTEZÉS

novum pro

Ez a könyv
e-könyvként
is elérhető

© 2024 novum publishing

ISBN 978-3-99146-797-7
Borítóképek: Polefko Márta, Kertész Attila
Borító, tördelés & nyomda:
novum publishing

www.novumpublishing.hu

Nyomtatva az Európai Unióban
környezetbarát, klór- és savmentes,
fehérített papírra.

Print product with financial
climate contribution
ClimatePartner.com/16547-2311-1001

Tudatos létezés

A szeretet és félelem polaritása

a mindennapokban

TARTALOMJEGYZÉK

SZERZŐI ELŐSZÓ

Gyakran elgondolkodom azon, vajon létezik-e olyan világ, amiben jól tudnánk magunkat érezni. Ahol kiteljesedhetnénk, kezelni tudnánk a negatív energiákat, embereket, helyzeteket, képesek lennénk őszintének lenni önmagunkkal és másokkal szemben. Vajon létre tudunk hozni ilyen világot? Mi kellene hozzá? A pozitív teremtő energiát félelmek terhelik, torzítják gondolatainkat. Azonban hiszem, hogy létezhet egy élhetőbb és kiegyensúlyozottabb világ, amiben a jó és a rossz oly mértékben vesz részt, ami még átlátható, érthető, kezelhető, így elfogadható is. Az általam megálmodott világ alapja az *elfogadás*.

Erről írok könyvemben négy részben: először a *teremtésről*, majd a második fejezetben *a tudat* működéséről, a harmadik részben az életünkben, gondolatainkban jelen lévő *félelmekről és betegségekről*, majd a negyedik fejezetben *földi létünk természetéről*, a szeretettel és hittel teli változás lehetőségéről, az őszinte önvizsgálat fontosságáról és az ezzel együtt járó boldogság megteremtéséről. Nincs eleve elrendeltség az életünkben. Mindig adva van lehetőség, hogy segítséget hívjunk és azt igénybe is vegyük. Szabad akarattal születtünk, minden helyzetben van választásunk. Ez a legfontosabb tanítás.

Miskolc, 2023. július

Ádám Zsuzsa

A TEREMTÉS

A TEREMTÉS

Az ősrobbanás-elmélettel magyarázható a világmindenség alakulása. Kellett, hogy legyen egy fő energiaforrás (mivel minden energia), ami lehetővé tette számtalan világ megannyi tapasztalási helyének kialakulását.

A tapasztalási helyek – amelyek közé sorolható a Föld is – különböző formában adnak lehetőséget arra, hogy megtapasztalja önmagát a Teremtő.

Mindenben és mindenkiben benne van az ősrobbanást megelőző rész, ami az „EGÉSZ" érzését adja számunkra. Ez az, ami összeköt, összekapcsol mindent mindennel és mindenkivel. Ez jelenti az Egészet, ami maga a Teremtő. Az Isteni teremtés, vagyis a világmindenség megteremtése tökéletes. Az ezen belül kialakult tapasztalási helyek rendszerben működnek, működésük tökéletes, és így az Egész tökéletességét nem befolyásolja. Az is feladata ezeknek a helyeknek, hogy általuk tapasztalatokat lehessen szerezni minden oldalról. Ehhez szükséges a jó, és ugyanakkor a rossz megtapasztalása is.

A fundamentum, vagyis a teremtő energia mindenhol ugyanaz. Az adja a különböző tapasztalási helyek másságát, sokszínűségét, hogy mi és hogyan van gyúrva belőle. Ez a teremtés, illetve a Teremtő kreativitása mind-mind a tapasztalatgyűjtést segíti (önmaga számára).

Mi emberek is megtapasztalhatjuk a teremtést a saját világunkban, de ez nem egyenlő az isteni teremtéssel. Tapasztalásink érdekében szabad akaratot kapunk. Ez azt jelenti, hogy egóval rendelkezünk, szemben a Teremtővel. Ez a részünk, vagyis az ego felelős félelmeinkért, annak nagyságáért, és ennek következtében a rossz, a negatív megteremtéséért, amelyet gondolatainkon keresztül vetítünk ki magunkból a külvilágba. Így, és csak így lehetséges a rossz megteremtése. A Teremtő nem alkotta meg a rosszat a világmindenségben, csak a választás lehetőségét adta meg szabad akaratunk révén, hogy dönthessünk arról, mit szeretnénk igazán. Evilági életeink sorozatán keresztül, sok-sok tapasztalatot gyűjtve talán egyszer megértjük a Teremtés lényegét, megismerjük az egyetlen igazi, valódi értéket, ami nem más, mint a szeretet. A mi teremtésünk egyéni érdekeink figyelembevételével, egyéni céljaink érdekében történik. Ez a különbség a mi, illetve Isten teremtése között. Mi emberek büszkék vagyunk arra, hogy gondolatainkkal képesek vagyunk teremteni. A teremtésre valóban büszkék lehetünk, de annak milyenségének nem sok figyelmet szentelünk. Fontos, hogy ha már teremteni képesek vagyunk, az méltó is legyen hozzánk, mert csak így lehetünk igazán büszkék „teremtésünkre". Nem is az a feladatunk, hogy Istenként teremtsünk. Amíg nem vagyunk tisztában sem magunkkal, sem az Isteni szeretettel, nem a mi dolgunk az Isteni teremtés.

A mi feladatunk a szeretet megtapasztalása, egymáshoz fűződő viszonyaink javítása. Az egyensúly megteremtése magunkban és környezetünkben. Míg ezekkel nem vagyunk tisztában, nem erre törekszünk, ne akarjunk Istenként teremteni. Elég, ha saját magunk világát próbáljuk úgy alakítani, hogy az a lehető legszeretetteljesebb legyen. Csak a szeretet adhat lehetőséget a továbblépésre, az Isteni teremtésre.

***

Mindenben és mindenkiben benne van az ősrobbanást megelőző rész, ami az „EGÉSZ" érzését adja számunkra. Ez az, ami összeköt, összekapcsol mindent mindennel és mindenkivel. Ez jelenti az Egészet, ami maga a TEREMTŐ.

A Teremtés lényege, egyetlen igazi, valódi értéke nem más, mint a SZERETET.

A Teremtő nem teremtette meg a rosszat a világmindenségben, csak a választás lehetőségét adta meg nekünk a szabad akaratunk révén, hogy dönthessünk arról, mit szeretnénk igazán. A mi feladatunk a szeretet megtapasztalása, egymáshoz fűződő viszonyaink javítása. Az egyensúly megteremtése magunkban, és környezetünkben.

„LEGYEN HITETEK SZERINT!"

Jézus hírnöke volt a mindenség megismerésére tett kísérletnek, de az emberek nem értették meg őt. „Legyen hitetek szerint", szól a tanítás, amit a mai napig nem szívleltünk meg. Mit is takar ez a rövid mondat, mellyel életünk új mederbe terelhető? Az van, amit én szeretnék? – kérdezik sokan önmaguktól. Kevesen mondhatják, hogy igen: az van, amire valóban vágynak.

Az emberek többsége elégedetlen, elkeseredett, és kilátástalannak látja a helyzetét. Mit kell tennünk azért, hogy ez megváltozzon?

Hitrendszerünk kiépítése bent, a benső tudatunkban megy végbe. Először a belső világunkat alakítsuk ki úgy, hogy vágyainkat őszintén megvizsgálva (és nem alábecsülve) higgyünk annak megvalósításában. Ez a legnehezebb része. Erősen hinni abban, hogy pl. nehéz anyagi helyzetünk javulni fog. Úgy hinni ebben, hogy mi magunk még nem tudjuk a pontos módját, hogyan is fogunk jelen esetben pl. pénzhez jutni.

Ennek az erős, kitartó hitnek megfelelően anyagi helyzetünk valamilyen módon javulni fog. Nem tudhatjuk előre, mi lesz az a megoldás, ami könnyítést hoz majd életünkben. Ne lássuk reménytelennek a helyzetünket! Ha kellő hittel és bizalommal tekintünk a változást várva önmagunk és a világ felé, hitünk eredménye a pozitív változás lesz. Ugyanígy betegeknél is fontos az erős hit. Hinni abban, hogy a betegség ahhoz kellett, hogy tapasztaljon. Próbáljunk a betegségre úgy tekinteni, hogy *mit kellett ez által megtanulnom, megtapasztalnom? Felismerem-e? Mi a betegség célja az életemben?*

Ezután – ha úgy gondoljuk, kérdésünkre választ tudunk adni – a hit gyógyulást, javulást eredményez. Minden úgy történik az életünkben, ahogyan hitünk azt megalkotja.

Ha félünk, hiszünk a rosszban, megtapasztaljuk azt. Ha tudjuk, hogy nincs a Teremtésben rossz, és sorsunkat mi magunk irányítjuk, hinnünk kell, hogy velünk mindig a legjobb történik, ami történhet. Hitünk az, amely lehetővé teszi, hogy olyan világot teremtsünk magunknak, amilyet szeretnénk.

Ha hitünknek szeretet az alapja, biztosak lehetünk abban, hogy a harmónia működését tapasztaljuk meg önmagunkban (nyugalom, egészség, magabiztosság), és a környezettel való viszonyunkban is (konfliktusmentes kapcsolatok). A hit mindig velünk van. Amikor a következő élet vázlatát készítjük egy másik dimenzióban, tökéletes tervet készítünk, és ez születésünk után is velünk van. Olyan, mint egy mankó, mely segítséget nyújt a járásban. Hogy mikor nyúlunk érte, tőlünk függ. Miért ne tennénk minél hamarabb? Ha erős a hitünk pl. egy súlyos betegség során a gyógyulásban, azt jelenti, hogy a betegség megtette feladatát, a tapasztalás ennek következtében valamilyen szinten megtörtént. Ha valakinek „szüksége van még a betegségre", ő abba kapaszkodik, ez azt jelenti, még nem tapasztalta meg, amire szüksége lenne fejlődése érdekében, így a hite is hiányzik ahhoz, hogy meggyógyuljon.

Nem értette meg, hogy MINDEN a keze ügyében van, amit Jézus meg is mutatott.

Teremtett, gyógyított, tanított. A MINDENSÉG eszközét, a SZERETETET használta. Erre kell képessé válnunk: a szeretet jegyében cselekedni mindig, minden pillanatban, feltétel nélkül.

Mindig is voltak és vannak is olyanok, akik megpróbálták bebizonyítani társaiknak, hogy mire képes a HIT és a SZERETET.

Azonban a csodát (és a gonoszt is) kívül keresik az emberek. Elfogadnak olyan embereket, akiktől csodatevést, esetleges csodálatos gyógyulásukat várják. Szívesebben bíznak egy kinevezett „csodatevőben", mint saját magukban. Fontos, hogy ezek a gyógyítók tanítsák az embereket, ne saját csodálatos lényüket csillogtassák a látványosság fényében.

Feladatuk lenne arra tanítani az embereket, hogy ők azok, akik az igazi „csodát" megcselekedhetik saját magukat illetően.

És ami fontos: nem vagyunk magunkra hagyva, hisz' része vagyunk az egésznek, így velünk teljes a MINDENSÉG. Épp ezért bármikor segítséget kérhetünk: nem vagyunk egyedül, és nem vagyunk kitaszítottak. A segítséget úgy kérjük, hogy az tiszta és őszinte legyen. A szeretet az egyetlen és igazi kapocs mindannyiunk között.

A hite tette lehetővé Jézusnak, hogy „csodákat" cselekedjen. Hite Istenben; abban, hogy segíteni képes az embereknek, és nem utolsósorban hite saját magában, még akkor is, amikor az emberek nem értették meg tanításait, és ezért vállalta a halált az emberek kedvéért, mert az emberek voltak azok, akik halottnak kívánták látni őt. Ezt is megtette értük.

A bennünk lévő szeretetet és hitet erősítsük, hogy egyre nagyobb erőben legyünk, és egyre nagyobb segítséget tudjunk nyújtani az embereknek. Egyre elfogadóbbak, szeretetteljesebbek és alázatosabbak legyünk az emberekkel szemben. Jézus is szolgálta az embereket, és nem Isten fiaként tetszelgett a nép előtt, mert nem így kívánta kivívni az emberek tiszteletét. Egy gyógyító, tanító szolgálja az embereket. Az lehet igazán jó gyógyító vagy tanító, aki szeretetteljes mindig, mindenkivel szemben. Nem lehetnek előítéletei senkivel, semmivel szemben. Nem okosabbnak, hanem alázatosabbnak tekinti magát másoknál.

Az alázatosság nem meghunyászkodást jelent, hanem nagyon mély, tiszta szeretetet, segíteni akarást. Ezt eredményezi a mély tisztelet mások iránt. Nem fitogtathatjuk tudásunkat, képességeinket, és nem tehetjük meg, hogy ezeket felhasználva valamiféle alá-fölé rendeltséget alakítsunk ki az emberek és gyógyító-tanító között. Ezért legyünk alázatosak, mert az embereknek nem arra van szüksége, hogy felnézzenek egyesekre, hanem hogy egyre nagyobb számban és mélységben változhassanak. Ez az emberiség pusztulását segítene megelőzni.

Jézus a benne és a körülötte lévő Isteni energiát (ami a levegőben, minden tárgyban, élőlényben, földben benne van) használta fel az emberek gyógyítására.

A gyógyításhoz szükséges, hogy megtapasztaljuk, illetve használni tudjuk az Isteni energiát.

Jézus tudta és hirdette, mi a jó, a helyes, de nem szabályokban (Tízparancsolat) fogalmazta azt meg, hanem abban, hogy az ember önmagát, belső világát, őszinte gondolkodását ismerje meg. Erre mutatott példát.

***

Ha tudjuk, hogy nincs a Teremtésben rossz és sorsunkat mi magunk irányítjuk, hinnünk kell, hogy velünk mindig a legjobb történik, ami történhet.

Hitünk az, amely lehetővé teszi, hogy olyan világot teremtsünk magunknak, amilyet szeretnénk. Ha hitünknek szeretet az alapja, biztosak lehetünk abban, hogy a harmónia működését tapasztaljuk meg önmagunkban (nyugalom, egészség, magabiztosság) és a környezettel való viszonyunkban is.

Jézus tudta és hirdette, mi a jó, a helyes, de nem szabályokban (Tízparancsolat) fogalmazta azt meg, hanem abban, hogy az ember önmagát, belső világát, őszinte gondolkodását ismerje meg.

TUDÁS ÉS TEREMTÉS

A tudás benne van a TEREMTÉSBEN. Ez azt jelenti, hogy ha új dolog kitalálásáról vagy új találmányról, felfedezésről, művészi alkotásról stb. van szó, annak alkotása közben gazdája olyan szinteket érintett, amelyekben ott volt a „megoldás". Ez azért lehetséges, mert a TERERMTÉSBEN teljesség van. Ez a teljesség tette lehetővé a legtökéletesebb megoldás létrehozását. Nem magát a megoldást kapta az alkotó, hanem a teljesség érzését. Azért, mert a Teremtés tökéletes, és minden tudás benne van. A teljesség van meg benne, ez segít bennünket, hogy a legjobb megoldást megtaláljuk. Csak el kell fogadnunk létezését, tökéletességét. Ha olyan tudás birtokába szeretnénk jutni, amit társaink megalkottak, kitaláltak, a kollektív tudat szintjén minden megtalálható, újra használható.

A teremtés nem a lexikális tudással, hanem a teljességgel egyenlő. A gondolati energia megvalósulásának összessége a kollektív tudat.

Jézus azért született a Földre, hogy segítséget nyújtson az embereknek oly módon, hogy felhívja figyelmüket, hogy nincsenek egyedül, nincsenek elhagyatva: Isten, a Teremtő, mindenkivel ott van és segít neki.

Csodákat tett Jézus, hogy az embereknek bizonyítsa Isten jelenlétét. Tanított, mégpedig arra, hogy „változtassátok meg gondolkodástok", ami lehetővé teszi, hogy Isteni lényünk érvényesülhessen fizikai világunk mindennapjaiban.

***

A Teremtés tökéletes, minden tudás benne van. A teljesség van meg benne, ez segít bennünket, hogy a legjobb megoldást megtaláljuk. Csak el kell fogadnunk létezését, tökéletességét.

A teremtés nem a lexikális tudással, hanem a teljességgel egyenlő. A gondolati energia megvalósulásának összessége a kollektív tudat.

ISTEN ÉS MI

Hinnünk kell a szeretet erejében, és tudnunk kell, hogy mi rendelkezünk vele. Nem szabad, hogy a félelem hatalmába kerítsen. Fontos, hogy ne helyezzük magunkon kívül a problémamegoldást. Ne mástól, vagy másoktól várjuk, hogy megmondják, mi jó, mi hasznos nekünk. Fontos felvállalni saját magunkat, még akkor is, ha úgy érezzük, ezzel nagy kockázatot vállalunk, ha esetleg helytelen döntést hozunk. Ez természetesen akkor is előfordul – sőt inkább akkor fordul elő –, amikor mások véleményét alapul véve döntünk saját sorsunkat illetően. Ezt csak mi tehetjük meg teljes felelősséggel, mert a sorsunk, életünk alakulásáért csak mi vagyunk felelősek.

Ez a felelősségvállalás esik nehezünkre. A félelem túl erős bennünk, és azt bizonyítja, hogy nem hiszünk saját magunkban és abban, hogy a helyes utat választjuk.

Pedig ha a másokra figyelés helyett – mármint, hogy mit javasolnak helyzetmegoldásként számunkra – arra figyelnénk, hogy mit „súg ösztönünk", vagy végig gondolnánk a lehetséges verziókat, megtalálnánk a helyes utat. De ez csak akkor sikerül, ha le tudjuk győzni a kezdeti félelmünket a probléma észlelésekor, és képesek vagyunk objektíve szemlélni a helyzetet, mint egy külső szemlélő.

Fontos, hogy nyugodtak tudjunk maradni, ami abban az esetben sikerül, ha teljes egészében bízunk magunkban. Bíznunk és hinnünk kell abban, hogy van bennünk egy olyan érzékelő, amely minden élethelyzetben a megfelelő megoldást kínálja számunkra.

Ezt azonban egónk szereti felülbírálni, hogy saját nagyszerűségét fitogtassa a tiszta egyszerűséggel szemben.

Isten nem más, mint a központi irányítórendszer, működtető.

Az, hogy Isten bennünk lakozik, nem jelenti azt, hogy istenségek vagyunk. Ez csak abban az esetben lenne igaz, ha úgy tudnánk teremteni, mint ő. Valóban, a gondolat teremtő erejű.

Valóban teremtők vagyunk, csakhogy nálunk a gondolat nem minden esetben, sőt a legkevésbé sem Isteni indíttatású, tehát nem a lélekre támaszkodva születik. Az ego nagymértékben beleszól a teremtés „művészetébe". Ez pedig nem más, mint az, hogy ebben a gondolat-kivetítésben saját magamat helyezem mindenki elé, hiszen én vagyok a legfontosabb számomra – vagy ellenkezőleg, alábecsülöm magam. Ebből aztán meglehetősen torz, önző, vagy félelemteli gondolatok születnek. Ez szinte mindenkire igaz. Nem kell szégyellenünk bevallani.

Az isteni teremtés célja nem az, hogy Istent teljes egészében szolgáljuk, nagyságát dicsérjük, hiszen akkor nem ajándékozott volna meg szabad akarattal. Az Ő teremtése nem önző jellegű. Ez szeretetteljes adakozás. Nagyon sokan nem ismerik el Isten létezését vagy valamiféle vérengző, szadista, büntető lényként emlegetik. A háborúk, természeti katasztrófák, betegségek, járványok stb. kapcsán. *Hogyan hagyhatja mindezt a Jóisten?* – kérdezik az emberek. Nos, úgy, hogy azt is hagyja, hogy megtagadjuk. Lehet, hogy hihetetlenül hangzik, de akkor is velünk van, a segítségét igénybe vehetjük, ha így döntünk.

Azért vállaljuk a feladatokat itteni életünkben, hogy a tapasztalatokat felhasználva segítsük az embereket évezredeken át. Hiszen tapasztalatok útján tudjuk, mi az, ami számunkra fontos. Ki is vagyok én? És tulajdonképpen mi végre vagyok ezen a világon? A jobbítás lenne a cél. Önös érdekek (saját, vagy másoké) letérítettek bennünket az útról, és úgy érezzük, tehetetlenek vagyunk. Visszatérhetünk az útra, amely előre visz, de ehhez még több szeretetre van szükség egymás iránt. A másik elfogadása, tolerancia. Ez együtt jelenti a szeretetet. Sokszor ennek kapcsán nagy és komplikált dolgokra gondolunk. Nem kell szétosztani vagyonunkat a szegények között, nem ez a szeretet. De ne nézzük le őket azért, mert mások, mint mi. A gondolatainkat kellene kicsiszolni, amikor ítélkezünk, véleményt alkotunk másokról, felületes ismeretek alapján, vagy éppen annak hiányában.

Káros hatással van mind a két félre. Szeretet az, ha mellőzzük ezeket. A több megértés egymás iránt csodákra képes.

Az emberek szomjazzák a szeretetet, odafigyelést. Ez ad erőt minden ember számára, beindít egy folyamatot: Adj szeretetet, hogy te is méltó lehess mások szeretetére! Légy nagylelkű, hisz' ez nem kerül semmibe! A szeretet lehet az igazi fizetőeszköz ezen a világon. És akkor megérti az is, aki kincseket halmozott fel, hogy egy csöpp melegség a szívének többet ér, mint örökös aggodalom és félelem a kincsei elvesztése miatt. Feladatunk itt a Földön: a szeretet és az egység megtapasztalása. A lélek „feladata": teljes körű kapcsolattartás, mely mindent mindennel összeköt. A bennünk lévő Isteni rész biztosítja, hogy az egység, a mindenség élményét átéljük, és ennek tudatában törekedjünk az egység, a harmónia megteremtésére. Itt és most. Ebben kulcsszó: a szeretet. Csak a szeretet képes az egységet megteremteni. Az egységet, mely csatlakozás Istenhez. Az egység részesei, résztvevői vagyunk, de csak egy pici része, szeletkéje a mindenségnek. A szabad akarat révén lehetőségünk van a felkínált Isteni segítséget igénybe venni, illetve elutasítani azt. Segítségével ismerjük meg önmagunkat. A szabad akarat gyakorlása érdekében kaptunk egót.

Az egónak köszönhetően olyan élethelyzeteket teremtünk magunknak, amelyek lehetővé teszik számunkra a „megfelelő" élettapasztalatok megszerzését, ami fejlődésünket segíti.

Amíg fizikai testben létezünk, nem szűnik meg létezni a szabad akarat. Feladatunk az, hogy felismerjük az ebben rejlő segítő, illetve gátló tényezőket. A szabad akaratra és a lélek tudására is szükség van. Fontos, melyik lesz hangsúlyosabb, melyik kap nagyobb szerepet életünk bizonyos pillanataiban. Ezek alapján tehetjük mérlegre a levont következtetéseket, hogy az addig elért sikerek, illetve a kudarcok mennyire, milyen mértékben voltak felelősek. Itt is, mint bárhol máshol, az egyensúly megteremtése a megoldás. Hogy ezt mikor, milyen módon tudjuk megoldani, az az állandó, folyamatos tapasztalásokon és önvizsgálatokon keresztül válik világossá, érthetővé.

Figyelnünk kell magunkat, reakcióinkat, döntéseinket. Analizáljuk tetteinket! Kiértékelésük után vonjunk mérleget, hiszen ez tapasztalati tudás, ezek révén tudunk előre lépni, fejlődni, teljesíteni élettervünket.

A segítőinkkel, illetve szellemi vezetőinkkel való kapcsolat, segítségkérés nem jelenti a felelősség átruházását. Nem minden helyzetben „érkezik" válasz kérdésünkre: „Hogyan is kellene cselekednem?" Fejlődésünk érdekében fontos, hogy mi magunk hozzunk döntéseket. Ennek megfelelően tudunk a fejlettségi szint létráján jobb esetben felmenni, de néha leesni.

Minden ember más „felépítésű", más feladattal, különböző fejlettségi szinteken. Ez mind egyedi és önálló megoldást igényel. Tűzd ki a célt magad elé, tartsd szem előtt, és a segítők odakísérnek a célhoz. Szándékod legyen tiszta és őszinte. Ha igazán őszinte szeretettel fordulunk az emberek felé, nem érhet negatív impulzus.

A szeretet puha, meleg fészek, amely biztonságot és erőt ad. Ha megtanulunk szeretni, rájövünk azokra az alapigazságokra, amelyek rejtve voltak szemünk elől. Mi rejtegettük, és mi vagyunk, akik rátalálhatunk.

***

Az isteni teremtés célja nem az, hogy Istent teljes egészében szolgáljuk, nagyságát dicsérjük, hiszen akkor nem ajándékozott volna meg szabad akarattal. Az Ő teremtése nem önző jellegű.

Feladatunk: a szeretet és az egység megtapasztalása.

A lélek „feladata": teljes körű kapcsolattartás, mely mindent mindennel összeköt.

A bennünk lévő isteni rész biztosítja, hogy az egység, a mindenség élményét átéljük, és ennek tudatában törekedjünk a harmónia megteremtésére. Itt és most.

Kulcsszó: a szeretet. Csak a szeretet képes az egységet megteremteni.

Amíg fizikai testben létezünk, nem szűnik meg létezni a szabad akarat. Feladatunk az, hogy felismerjük az ebben rejlő segítő, illetve gátló tényezőket. A szabad akaratra és a lélek tudására egyaránt szükségünk van.

A SZERETET TERMÉSZETE ÉS TANÍTÁSA

A szeretet, az elfogadás megtanulása mindenki számára lehetséges. A tanítás nem más, mint a szeretet megélése és átadása, hiszen a szeretetet mindenki érzékeli.

Fontos, hogy a változni kívánó ember tudatában legyen élete történései fontossági sorrendjének. Aki valóban a szeretetet tartja a legfontosabbnak, könnyebben lesz képes tanítani, mi is az, hiszen magatartásával, életével példát mutat másoknak.

Amíg örökösen bírálunk, véleményezünk, kritikát mondunk másokról annak fényében, hogy „bezzeg mi", nem vagyunk igazi elfogadói sem önmagunknak, sem másoknak.

A szeretet elfogadás, tolerancia. Nem verseny. Rivalizálás folyik a politikában, a médiában, az iskolákban, a munkahelyeken, a családban, a szomszédok között, majd' minden élettérben. Aki számára a szeretet az igazi és előremutató út, lemond erről a versenyről. Tudja, hogy ez csak azt eredményezi, hogy hátat fordítanak egymásnak az emberek.

A szeretet két alappillére a tisztelet és őszinteség. Legyen ez az iránymutatásunk életünk minden pillanatában, amikor döntenünk kell. Szeretetteljes lényünket soha ne alázzuk meg azzal, hogy fejet hajt olyan motivációnak, amely számára teljességgel elfogadhatatlan, tisztességtelen.

Tisztaságunk érdekében szükség van egyfajta határozottságra annak érdekében, hogy meg tudjuk állapítani, mi az, amire szükségünk van, és mi az, amit tisztelettel ugyan, de elutasítunk, mert károsan befolyásolná életünket. Mindig vannak megmérettetések, olyan utak, alkalmi megállók az életünkben, melyek segítségével megerősítést kaphatunk, hogy mennyire tudjuk szeretetteljes lényünket megőrizni nehéz körülmények között is. Ha nem elég erős a hitünk a jóban, a szeretetben, egy-egy ilyen helyzetben könnyen eltévedhetünk. De lehet, hogy szükségünk van erre is az életünkben, mert így válik bizonyossá a szeretet csodálatos hatalma, amely mindig, minden helyzetben segítséget nyújt számunkra, ha erős a hitünk benne.

A hit: önmagunk és elképzeléseink felvállalása. Egy bizonyos irány meghatározása életünkben. Szeretet és bizalom önmagunk és mások iránt. Annak, aki folyton görcsös és merev, viselkedése is hasonlóképpen ilyen lesz. Ezzel továbbra is csak az „én ezt képtelen vagyok megcsinálni" elméletét erősíti önmagában. Kizárja annak a lehetőségét is, hogy nyitott, elfogadó legyen, és ezzel lehetőséget teremtsen önmagának annak bizonyítására, hogy könnyedséggel, harmóniával igenis sikeressé válhat, hiszen a megoldás minden helyzetben kézzelfoghatóvá válik. Ezért fontos, hogy gondolataink görcsösségét oldjuk, ezzel viselkedésünk merevsége is oldódni fog. Ez teszi lehetővé a nyitottságot. Így szívesen fordulunk mások felé, amit viselkedésünkkel tudunk is jelezni. Ezt érezvén a többi ember is jobban mer felénk fordulni, és ez a kölcsönös viselkedési (megmutatom magam másoknak is) forma pozitívan befolyásolja a többiekhez fűződő viszonyaimat, kapcsolataimat.

Az eleve rideg, hideg, elutasító viselkedés másokat is arra int, hogy meg se próbáljanak közeledni. Előfordul, hogy kimért, távolságtartó viselkedésünkkel védeni akarjuk magunkat bizonyos személyek közeledését illetően. De ezt oly sokat tettük és gyakoroltuk már, mint védekezési formát, hogy teljesen a miénk lett, szinte automatikusan lép életbe egy helyzetben és már az jelent problémát, hogy szimpátia esetén hogyan fejezzem ki magam, hogy a másik fél számára is érthető legyen pozitív odafordulásom.

Érzéseink örökös leplezése helyett inkább szeretettel forduljunk mások felé. Ez az, amit nem, vagy csak nagyon nehezen tudunk megtenni. Rá kell jönnünk, mi az a viselkedésünkben, amit annak érdekében alkalmazunk, hogy megvédjük önmagunkat. Fel kell ismernünk saját védelmi mechanizmusainkat ahhoz, hogy újra őszintén tudjunk beszélni, viselkedni. Tegyük helyre magunkban viselkedésünk motivációit. A tudati forma egyensúlya, illetve ezzel párhuzamosan a viselkedési formánk természetessé tétele lehetővé teszi, hogy valóban önmagunk legyünk. Nem félhetünk magunktól annyira, hogy ne vállalnánk fel ennek érdekében a változás, változtatás lehetőségét.

Úgy tudjuk viselkedésünket megváltoztatni, hogy figyelemmel fordulunk magunk és környezetünk, az emberek felé. Ez a figyelem lehetővé teszi, hogy észrevegyük hibáinkat és ezen tudjunk javítani.

Itt is fontos azonban a kérdés önmagunkkal szemben: „Miért történt vagy történik ez meg velem? Mennyire volt a viselkedésem kihívó, kötözködő, esetleg durva, indulatos, pedig éreztem, hogy magatartásom helytelen?" Ha ilyen helyzetben találjuk magunkat, legyünk tudatosak, „lépjünk bele", elemezzük ezt a helyzetet, lássuk meg a külső megnyilvánulásunk és a belső sugallatunk, érzésünk ellentmondását! Ne hagyjuk, hogy a külső, megrögzött, felvett viselkedési minták befolyásoljanak! Fontos, hogy az érzéseink szerint próbáljunk cselekedni, amelyek biztosan soha nem csalnak meg és nem céljuk hamis képet állítani magunkról.

A félelem tartja kézben a védekező mechanizmust elősegítő viselkedési formákat. Ha nem félnénk állandóan és nem szégyellenénk igazi, valódi önmagunkat, nem kellene annyit „szenvednünk" és „harcolnunk" életünk során. Az őszinteség lerövidítené a tapasztalási folyamatot, és lehet, hogy nem lenne szükség egészen durva megtapasztalási helyzetek kialakítására annak érdekében, hogy tudjuk, mi is számunkra a jó, a kedvező. Szeretet nélkül azonban sohasem működik a mechanizmus. Bennünk van a szeretet, és bennünk van a „jó" tudása is. Hozzáférhetővé válik, ha félelmeink nem akadályozzák ezt a folyamatot. Törekedjünk tehát őszintének, természetesnek lenni, szeretetet adni, hogy kaphassunk. Ha szeretjük egymást, viselkedésünk is tükrözi ezt. Elfogadóbbá válunk, nem fordítunk hátat az embereknek csak azért, mert nem felelnek meg elvárásainknak. Ezek az elvárások a szeretet fényében eltűnnek, és így lehetséges, hogy jobban tudunk segíteni másoknak és nem az irigység vezérel bennünket. Tudunk örülni mások boldogságának, mintha miénk lenne az. Ezzel a viselkedéssel be tudjuk vonzani a szeretetet az életünkbe, és a pozitív változások hatására javulni fog élethelyzetünk is. A körülmények változása azonban nem befolyásolja az egyéni fejlődést, csak ha készek vagyunk a változtatásra. A hála felgyorsítja a manifesztációt, vágyaink valóra válását.

„Legyen hitetek szerint" – mondja Jézus. A hit legyen a segítőnk: hitünk abban, hogy jót szeretnék magunknak és másoknak, szeretetre törekszünk, hogy megtanulhassuk, miként lehet igazán szeretni. Ha ezt a belső tisztaságot megtaláljuk, és kellő hitünk van abban, hogy minden értünk van, szolgálja fejlődésünket, biztonságban vagyunk, segít célunkat, vágyainkat beteljesíteni.

Ennek az állapotnak a tükrében már lehet, hogy más jellegű vágyaink alakulnak ki, mint korábban, amikor még kellő rálátás nélkül, célirányosan közelítettünk meg egy-egy vágyat, aminek teljesülésétől a változást vártuk életünkben.

Hinnünk kell abban, hogy a számunkra legmegfelelőbb helyzet akkor valósulhat meg, ha nem szabunk feltételeket a lehetőségeknek, a megvalósulás módjának, a Jóistennek, hanem hagyjuk, hogy a változási folyamat – mely tisztábbá tesz – felemel, és lehetőséget ad a „felülről" való rálátásra. Így elérhetőbbé válnak álmaink, vágyaink.

A Teremtés örök igazsága a szeretet. Nem feltétlenül kell igazságokat keresnünk: sokféle igazság létezik. Ezzel a fajta gondolkodásmóddal előtérbe kerül a tolerancia, az elfogadás önmagunkkal – és persze másokkal szemben is. Különösen akkor keressük az igazságot, ha valamiféle vereség ért. Tudni szeretnénk – meglehetősen elfogultan önmagunkkal szemben –, ki, miben, mennyire volt hibás az adott helyzetben.

Azonban ilyenkor is a fő kérdés: miért történt ez velem? Ennek megválaszolása után tanulnunk kell az esetből, és ha őszinték tudunk lenni önmagunkkal, még ha fáj is, de rájövünk a történés üzenetére.

***

A szeretet, az elfogadás megtanulása mindenki számára lehetséges. A tanítás nem más, mint a szeretet megélése és átadása, hiszen a szeretetet mindenki érzékeli.

A szeretet elfogadás, _tolerancia_. Nem verseny. Két alappillére: a tisztelet és őszinteség. *Tisztaságunk érdekében szükség van egyfajta határozottságra annak érdekében, hogy meg tudjuk állapítani, mi az, amire szükségünk van, és mi az, amit tisztelettel ugyan, de elutasítunk, mert károsan befolyásolná életünket.*

A hit: önmagunk és elképzeléseink felvállalása. Egy bizonyos irány meghatározása életünkben. Szeretet és bizalom önmagunk és mások iránt.

A Teremtés örök igazsága a szeretet. Nem feltétlenül kell igazságokat keresnünk: sokféle igazság létezik.

AZ EGO SZEREPE

Mivel szabad akaratot kaptunk, ennek érdekében alakult ki az ego. Az egóra azért van szükség, hogy érzéseinket, illetve érzelmeinket megtapasztalhassuk.

Ki hogyan kezeli egóját, attól is függ, milyen tudati szinten áll, mennyi tapasztatot gyűjtött ez idáig, mennyire van tisztában saját „lelki tisztaságával".

Ahhoz, hogy megéljük, illetve megértsük a szeretetet, meg kell tapasztalni ennek ellenkezőjét is. Ezért van szükség arra, hogy egóval rendelkezzünk. Az ego az, ami az (isteni) SZERE-TET elé oda tudja tenni a *nem* szócskát. Az Isten és a szeretet tagadását. Mindaddig szükségünk van az újabb és újabb fizikai élet megtapasztalására, amíg egónk belátja mellérendelt szerepét és részt vesz a harmonikus együttműködésben, illetve amikor tudatára ébredünk lelkünk, szellemünk örök igazságának. A szeretet egyetlen létező és lehetséges formájában, amely Istent, a TEREMTŐT jelenti. Ez az állapot a megvilágosodás állapota.

Keveseknek sikerül, de egy olyan folyamat beindításának küszöbén állunk, melynek következtében egyre többen élik majd meg a megvilágosodás állapotát. Ez az az érzés, amikor érezhetjük az eggyé válást a Teremtővel. Nincs a teremtésben rossz. Hogy ezt megértsük, szükség van megtapasztalásra. Erre ad lehetőséget, hogy emberként, egóval rendelkezve megtapasztaljuk mindezt. Hiszen csak az ego képes a félelemre. De ha mindezt megértjük, átlátjuk, lépéseket tehetünk a teljesség elérése felé.

A fontossági sorrend meg fog változni életünkben. Nem magamért fogok aggódni, hanem ezt félretéve azon leszek, hogy másokat segítsek ebben a letisztulási folyamatban, hogy számukra is kellőképpen érthető legyen helyzetük.

***

Ahhoz, hogy megéljük, illetve megértsük a szeretetet, meg kell tapasztalni ennek ellenkezőjét is. Ezért van szükség arra, hogy egóval rendelkezzünk. Az ego az, ami az (isteni) SZERETET elé oda tudja tenni a nem szócskát. Az Isten, a Szeretet tagadását. Mindaddig szükségünk van az újabb és újabb fizikai élet megtapasztalására, amíg egónk belátja mellérendelt szerepét és részt vesz a harmonikus együttműködésben, illetve amikor tudatára ébredünk lelkünk örök igazságának.

MEGVILÁGOSODÁS ÉS MEDITÁCIÓ

Megvilágosodott az az ember, aki másokért él. Úgy tud adni magából, hogy azzal nem ő lesz kevesebb; ellenkezőleg, attól lesz még több. Ezáltal még többet tud adni. Önzetlen, tiszta szeretet az, amit ad „magából". Nem von mérleget, hogy érdemes-e ezt tenni, megéri-e neki? Nem von le következtetéseket. Egy dolog vezérli: az adakozás. Tud mások örömének örülni. Szerény. Nem a hírnév megszerzése a cél. Nincs cél. Ez a természetes állapot, oda érkezik vissza. A hármas egység (tudatalatti, lélek, ego) teljes mértékben egyensúlyban van, együttműködésük harmonikus.

Az ego lemond egyeduralmi törekvéseiről. Megvilágosodni nem más, mint eggyé válni Istennel. Ezt meditációs gyakorlatokkal is lehet segíteni.

A meditáció: ellazulás. A befelé figyelés egyik módja. Ráhangolódás a lélekben rejlő üzenetekre. Akinek sikerül meditálnia, teljes kikapcsolódást él meg. Ez egyfajta tisztulás is, hiszen a lélek megtisztul a negatív gondolatok, félelmek terhétől. Mintha egy mély, tiszta levegőt venne. A meditáció ráhangolódástól függően történhet gyógyulás céljából, pihenés céljából, de meditálhatunk egy kérdésre is, amelynek megoldásán már sokat gondolkodtunk, mégsem jutottunk előre. Ebben az állapotban lehetőség van arra, hogy rendeződés történjen bennünk. Kérdésünkre később egyéb más cselekvés alatt, illetve álom állapotban választ, megoldást kaphatunk. Azért jó és egészséges a jóga is, meditáció is, mert rendszeres alkalmazása alapos „takarítást" jelent bensőnkben. Ezt az ellazult állapot teszi lehetővé, amikor létrejön a harmónia a testünkben. Gondolatunk és testünk is frissebbé válik. Feltöltődünk azzal, hogy hagytuk az energiát az ő természetes útján és módján áramlani. Ez egy jó blokkoló módszer is lehet. Érzékeljük minél jobban, minél gyakrabban az egyensúlyt a „kint" és a „bent" között. Minden összefüggésben áll mindennel, mindenki mindenkivel, és fontos, hogy ezek a kapcsolatok harmonikusak legyenek.

Ha a meditáció során valaki félelmetes, esetleg ijesztő képet lát, mindenképpen képzeljen oda egy olyan segítőt, akinek a jelenléte biztonságot ad. Ez a biztonságérzet elősegíti, hogy félelmünk megszűnjön, illetve alábbhagyjon, és ennek következtében a negatív élmény is megszűnik, mivel igazából nem is volt ott, csak a félelmünk teremtette meg. A hit segít ebben az esetben is. Hinni kell a segítségben, és félelmünk máris alábbhagy.

**

Megvilágosodott az az ember, aki másokért él. Úgy tud adni magából, hogy azzal nem ő lesz kevesebb; ellenkezőleg, attól lesz még több. Az ego lemond ekkor egyeduralmi törekvéseiről. Megvilágosodni nem más, mint eggyé válni Istennel.

A meditáció: ellazulás, a befelé figyelés egyik módja. Ráhangolódás a lélekben rejlő üzenetekre. Akinek sikerül meditálnia, teljes kikapcsolódást él meg. Ebben az állapotban lehetőség van arra, hogy rendeződés történjen bennünk.

VAN-E GONOSZ?

Azzal, hogy az emberek szabad akaratuk megvalósításához egót kaptak, lehetővé vált a félelmeik kivetítése, amit önmagukon kívül teremtettek meg. Negatív gondolataik félelmeik nyomán a gonoszt, a rosszat magukon kívül teremtették meg, aki felelős minden negatív és „rossz" történésért életük folyamán. Ez a dolgok leegyszerűsítése. A felelősség alól való kibújás lehetőségét adta az emberek számára. Nehéz elviselni, hogy a mi saját gondolataink formálnak bennünket, alakítják életünket.

Csupán a gondolat teremtő ereje „felelős" azért, hogy valami „jó" vagy „rossz" történik. Lehangolt hangulatban meglehetősen negatív gondolatok támadnak és indulnak „teremtő" útjukra. Ez az elkeseredett, elégedetlen hangulat egyre inkább jellemzővé válik az emberek között.

A babonák alapja is a hiszékenység és a „körülmények alakítják az életemet"-elmélet elfogadása. Nem vállaljuk fel azt a felelősséget, hogy mi magunk vagyunk saját sorsunk kovácsa.

A gondolataink minősége határozza meg életünk, életkörülményeink minőségét is. Értékesnek kell tartanom magam, hogy értékessé váljak a fizikai világ rendszerében. Természetesen ez nem anyagi érték, ami nem zárja ki annak megteremtését sem. De a sorrend mindenképpen az, hogy először a gondolataink legyenek azok, amik a legértékesebbek számunkra. Minőségileg is legyen az. A gondolatok minőségét érzéseink, érzelmeink határozzák meg, ez adja az energiát a gondolat megvalósulásához. Fontos vagyok én magam is a teremtésben, nekem is van részem abban, hogy jobbá tegyem a világ sorsát. Kezdjem azzal, hogy saját életemben megteremtem a békét, a harmóniát, ezt sugárzom ki magamból. Nem hiszek a gonoszban, hiszen alapvetően nem része a teremtésnek.

Az emberek gondolatainak szüleménye, és csak addig „létezik", míg félelmeinkkel való ráfigyeléssel energiát kap tőlünk. Csak a fizikai síkon van szükség a tapasztalás miatt viszonyításra. Azért ismerjük meg a rosszat, és teremtjük azt meg, hogy tudjuk, mi a jó. Más tapasztalási rendszerben – nemcsak a fizikai lét az egyetlen tapasztalási lehetőség – más a tapasztalás alapja.

Nincs a teremtésben eredendően negatív energia, csak a SZERETET létezik, amelyet magunkban hordozunk, hiszen a lélek nem más, mint a szeretet, az öröktől fogva meglévő isteni lét hordozója.

Ha erre figyelünk, ezzel a gondolattal éljük mindennapjainkat, megváltozunk, és megváltozik körülöttünk a világ. Jobbá válik. Alapvetően mindenkiben benne él a vágy, hogy saját helyzetén, illetve a világ sorsán javítson, de nem tudja, hogyan tegye, hisz' olyan „kicsi pont ő ebben a gépezetben", gondolja, és ezért nem is tesz semmit.

Mindennek, ami körülvesz bennünket, önmagunkat is beleértve, a szeretet az alapja. Ezt próbáljuk megérteni, és a pozitív dolgokra való figyelés lehetővé teszi, hogy a bennünk lévő félelem egyre kisebb legyen. Így egyre magabiztosabbak leszünk, egyre nagyobb hittel fordulunk magunk és mások felé. Így jobbíthatunk saját sorsunkon.

Jó és rossz gondolatok: a szeretet és félelem gondolatai egyaránt megtalálhatók a lét különböző dimenzióiban, attól függően, hogy milyen intenzitással indultak útra, illetve utána kaptak-e még gondolati erősítést. Tehát gondoltuk-e utána többször ugyanazt a dolgot. Ettől függ a „kiterjedésük".

A félelem is energia, a negatív töltés felerősítését jelenti. Minél inkább félnek az emberek – ki ettől, ki attól –, annál erősebbé válik a negativitás a dimenziókba kivetített „figurák" felé. Fordítsuk el figyelmünket e képekről, higgyük, hogy nincs a Teremtésben rossz és gonosz, csak a mi gondolataink teremtették azt meg félelmünk kivetüléseként. „Valami rosszat érzek", szokták sokatmondóan emlegetni, és már reagál a test: összeszorul a torkuk, a gyomruk. Ez pusztán a félelmünk kivetítése. Ha félek egy szituáció megoldásától vagy tehetetlennek érzem magam abban, keresek a környezetemben valamit, amit rosszként, negatívként élhetek meg. A rossz keresése – ha nem is tudatos – meghozza az eredményt, bizonyítást nyer az eredeti gondolat: valami rosszat érzek. Az egy másik kérdés, hogy megérzem vagy bevonzom a dolgokat.

Az úgynevezett „sátánisták", vagy más negatív energiát felhasználók gondolati energiát negatív szándékkal vetítenek ki valakire, amely abban az esetben ér csak célba, ha az, akire irányul a negatív gondolat (átok), hisz az effajta negatív erőkben. A hit az, ami lehetővé teszi, hogy beengedjük vagy távol tartsuk magunktól a negatív behatásokat. Ez is csak rajtunk múlik.

Senki nem tud nekünk ártani, csak mi saját magunknak. Szabadakaratú döntésünk teszi lehetővé, hogy beengedjük vagy nem a negatív külső hatást. „Legyen hitetek szerint!" Ha negatív dologra fókuszálunk, rendkívül káros és romboló hatással lesz ránk. Erősödik a félelem bennünk, és ezzel mintha elvesztenénk saját magunkat, csak sodródunk az árban. Már nem tudjuk irányítani saját életünket, irányítottakká válunk, és ekkor érezzük, hogy a körülmények árja magával ragad, és mi tehetetlenek vagyunk vele szemben. Ezt okozza a félelem. Tudnunk kell, hinnünk kell, hogy nincs mitől félnünk. Legyen ez az alapja változásunknak!

***

Nincs a teremtésben eredendően negatív energia, csak a SZERETET létezik, amelyet magunkban hordozunk, hiszen a lélek nem más, mint a szeretet, az öröktől fogva meglévő isteni lét hordozója. A hit az, ami lehetővé teszi, hogy beengedjük vagy távol tartsuk magunktól a negatív behatásokat. Ez is csak rajtunk múlik.

Senki nem tud nekünk ártani, csak mi saját magunknak. „Legyen hitetek szerint!" – mondja Jézus.

A TUDAT MŰKÖDÉSE

A TUDAT RÉSZEI

A tudat összefoglaló név. A lélek, a tudatalatti és az ego együttes működése. Felfogóképesség, plusz érzékelés.

A lélek: a bennünk élő „isteni rész", mely örökéletű, és magában hordozza az örök tudást és a szeretetet. A tudatalatti: örökéletű, előző életeink tapasztalatait tárolja és jelen életünk történéseinek érzelmi lenyomatait őrzi. Az ego: figyelme a fizikai világra összpontosít tapasztalásunk érdekében. Nem raktároz, és nem örökéletű. Szubjektív véleményezés, amit elsősorban hangulati tényezők befolyásolnak.

Nagyon fontos, hogy tudatunkban a három résztvevő harmóniáját kialakítani, mert így válik lehetővé, hogy a félelmeket visszaszorítva, belső tudásunkat segítségül hívva, megfelelő élteteret alakítsunk ki magunknak, hogy megfelelő tapasztalatokra tehessünk szert.

A hármas egység harmóniája nem azt jelenti, hogy a részek egyenlő arányban vesznek részt a tudat működésében. Az egyensúly abban áll, hogy a különböző élethelyzetekben melyik résznek van hangsúlyosabb szerepe. Ezt a közöttük fennálló kölcsönös egyetértés, tisztelet, harmónia teszi lehetővé. A mi feladatunk ennek fenntartása érdekében az, hogy mindhárom rész tevékenységét hálával és köszönettel fogadjuk.

Segítséget kérhetünk, hogy mindhárom rész együtt, harmóniában legyes képes együttműködni saját érdekünkben, ami nem választhat el a nagy Egész érdekétől. Ezzel a módszerrel azt is el tudom érni, hogy kisebb „szenvedési szakaszok" alatt tudjam tapasztalataimat megszerezni, következtetéseimet levonni. A harmónia nagy könnyebbséget ad életünk folyamán azáltal, hogy érezhetővé válik, „nem vagyunk egyedül", nem veszhetünk el.

***

A tudat a lélek, a tudatalatti és az ego együttes működése.

A lélek: a bennünk élő „isteni rész", mely örökéletű és magában hordozza az örök tudást és a szeretetet.

A tudatalatti: örökéletű, előző életeink tapasztalatait tárolja és jelen életünk történéseinek érzelmi lenyomatait őrzi.

Az ego: figyelme a fizikai világra összpontosít tapasztalásunk érdekében. Nem raktároz és nem örökéletű. Szubjektív véleményezés, amit elsősorban hangulati tényezők befolyásolnak.

TUDAT ÉS GONDOLAT

A tudat működésének eredménye a *gondolat*, ami koncentrált energia, a figyelem fókusza egy bizonyos irányba. Lehet negatív, illetve pozitív értelmű. A tudatba érkező impulzusok határozzák meg érzéseinket, így gondolatainkat is. A gondolataink pedig az életünket.

Akkor intenzív a gondolati energia, ha mind a három rész egy adott dologra, egy bizonyos kérdésre vagy helyzetre koncentrál. A részek aránya határozza meg, hogy mit, illetve mire gondolunk. A tudatnak nincs szabályozó képessége. A három résznek saját, automatikus önszabályzója van. Az, hogy hogyan működtetünk, attól függ, hogy milyen követelményt állítottunk működéséhez elvárási rendszerünktől függően. Ez nagyban függ neveltetésünktől, iskolai tanulmányainktól, egyéb külső behatásoktól, melyek életünk folyamán értek, illetve érnek. Ezért van az, hogy ez a követelmény (elvárási rendszer) minőségben és mennyiségben változhat. Mennyire engedem át az egóm félelmét, mennyire figyelek a lélek hangjára. Mennyire adom meg, adom fel magam az elvárásoknak. Mekkora a megfelelési kényszer bennem.

Az, hogy tudatos vagyok valamire, nem azt jelenti, hogy tudomásul veszem a tényeket, hanem hagyom, hogy a többi rész is hozzátegye a saját részét, hogy ne csak rögződjön, hanem legyen érzelemmel telített. Mindent lehet szeretni, hogy minden szeressen engem. Ez lenne az igazi harmónia. Azért kell tudni a gondolatainkat szabályozni, hogy az érzések legyenek azok, amelyek segítségével irányíthatjuk életünket, hiszen a halál után a lélek és a tudatalatti rész elhagyja a testet, és ezt követően nem gondolatok, hanem érzések formájában teremtenek. Gondolatok csak a fizikai síkon merülnek fel, védelmi okok miatt a tér és idő figyelembevételével.

A tudat irányításával történik, hogy „melyik világra" fókuszálunk éppen, belső vagy külső világunkra. Ez attól is függ, hogy a három rész közül melyik a domináns.

Gondolataink befolyásolják, illetve alakítják környezetünket és önmagunkat is. Kétfelé fejtik ki pozitív és negatív hatásukat: befelé, ami azt jelenti, hogy önmagamra nézve mennyire hasznos, illetve káros az adott gondolat, a másik irány a külvilág felé fordulás. A gondolatok megszűrése éppen ezért nagyon fontos. Legyen a szűrőnk két kérdés: Jó ez nekem? Ezt szeretném igazán?

Ennek megfelelően figyeljünk gondolatainkra, az azokban rejlő örökös félelmekre. Tereljük gondolatainkat arrafelé, amit szeretnénk elérni. Miért jó nekem, ha örökösen félek? Miért félek boldognak lenni? Legtöbben azért félünk boldognak lenni, mert félünk, hogy utána valami nagyon rossz következik be életünkben.

Miért félünk ennyire? Mert nem bízunk magunkban. Miért szeretnénk mindenkinek megfelelni, minek következményeképp befolyásolhatókká válunk? Ez egy állandó stresszt, készenléti állapotot eredményez, amely teljesen lefáraszt bennünket fizikailag is, lelkileg is. Mintha teljesen elvesznénk ebben a folyamatban. Ezért van a sok úgynevezett stressz- és allergiás beteg manapság. Egyszerűen lemerült. Annyit kellene tennie, hogy tisztába tegye gondolatait, analizálja viselkedését, viszonyrendszereit, érzelmeit, gondolatait. Azok a gondolatok, amelyek félelemmel telítettek, és így nem szolgálják érdekeimet, érzéseimet, blokkolják egész testemet (betegségek), működésemet, mindennapjaimat. Önvizsgálatra van tehát szükség, mégpedig ily módon: Mire van szükségem? Ki és mi fontos az életemben?

Egy ilyen önvizsgálat alkalmával gyakori, hogy felismerjük, mennyire kevés figyelmet szentelünk azoknak, akik igazán közel állnak hozzánk és fontosak számunkra. Prioritás, isteni értékrend (szeretet, őszinteség, bátorság, tisztesség, öröm, elköteleződés, elszántság egészség stb.)

Minden megtanulható és működtethető, ha igazán vágyunk rá. A jövő terveit illetően tudnunk kell, mi a végcél, de fontos, hogy mindig a következő lépésre koncentráljunk, hogy célunkat megvalósíthassuk. Tartsuk be a fokozatosságot, és tudjuk, mi mi után következik. Mert ha csak a végcélra figyelünk és a hozzá vezető út lépéseit kihagyjuk, nem érjük el célunkat, vagy nem a hozzáfűzött reményekkel érjük azt el.

Lépésről lépésre haladjunk. Fontos a fokozatosság.

***

A tudat működésének eredménye a gondolat, ami koncentrált energia, a figyelem fókusza egy bizonyos irányba. Lehet negatív, illetve pozitív értelmű. A tudatba érkező impulzusok határozzák meg gondolatainkat.

Azért kell tudni a gondolatainkat szabályozni, hogy az érzések legyenek azok, amelyek segítségével irányíthatjuk életünket, hiszen a halál után a lélek és a tudatalatti rész elhagyja a testet, és ezt követően nem gondolatok, hanem érzések formájában teremtenek.

TUDAT ÉS GONDOLKODÁSMÓD

A gondolat az, ami meghatározza, melyik irány az, ami számomra kedvező. A gondolataink rendkívül erős „én" töltéssel rendelkeznek. Nyilván az „én" szemszögéből való látásmód teszi, hogy önző érdekeink, vagy félelmeink alapján születnek gondolataink. Az én helyzete határozza meg jóllétemet: a családban, a munkahelyemen, barátok között betöltött szerepeim, helyzetem alapján ítélem meg magam elégedettnek, illetve elégedetlennek. A viszonyítás az, amely lehetővé teszi a mérlegelést számunkra: mihez, kihez képest vagyok több illetve kevesebb. Mivel kevesebb nem szívesen lennék, nem azt mondom, hogy rosszat kívánok másoknak, de ha rosszabb helyzetbe került emberekhez mérem magam, nyugodtabb vagyok, mondván, nekem azért mennyivel jobb a sorsom, és esetleg elkezdem sajnálni szegényt. Ha azonban jobb, boldogabb, gazdagabb példát látok magam előtt, akkor bizony eltölt az irigység és magamat kezdem el sajnálni. Ugyanakkor megkérdőjelezem az ő jobb helyzetének jogosságát. Vajon érdemes-e rá? Biztosan lop, csal, hazudik. Tisztességes biztosan nem lehet. Rögtön megkérdőjelezzük, és elvitatjuk tőle javait. „Könnyű neki."

Miért tekintjük harcnak, állandó bizonyítási kényszernek a többre való, állandó és kényszerű vágyakozásunkat? Mert ezeket gondoljuk mércének a megmérettetésnél. Folyton összehasonlítunk. Kinek mije van, ehhez képest mi hol foglalunk helyet anyagi világunk palettáján. Csak a külső alapján szeretünk ítélni. Vállalva ezzel a felületesség minden negatív velejáróját.

Ameddig harcnak érezzük az életet és kihívásnak az anyagi jólét megteremtését, érvényesülést, gondolataink csak ezt az irányt fogják bejárni. Ezt éljük meg mindennapjainkban. Ez pedig szűkíti a beláthatóságát annak a világnak, amelyben az anyagi javak csak kis mértékben vesznek részt. Van viszont olyan rálátás a világra, olyan lehetőség, ami lehetővé teszi, hogy boldogok, kiegyensúlyozottak legyünk akkor is, ha esetleg nem dúskálunk anyagi javakban. Amíg ezek megszerzésére fókuszálunk, hagyjuk magunk mellett elhaladni azokat az érzéseket, amelyek valóban emberré tesznek bennünket. A szeretet veszít és csorbul minden esetben, ha fő célként szemünk előtt csak az anyagi javak megszerzése áll. Nem veszünk észre – csőlátásunk következtében – olyan értékeket, amelyek megkönnyíthetnék helyzetünket, és anyagi téren is megoldást, előrelépést hoznának. De ez nem belátható számunkra; hogyan fogok én pénzt keresni azzal, hogy szeretem az embereket és nem vakít el a javak megszerzésének erős, és majdnem egyedüli vágya.

Pedig hinnünk kell abban, hogy a szeretet felemel, nagyobb rálátásunk lesz környezetünkre, a világra, és ennek segítségével fele annyi energiával érjük el célunkat. Ha ez az anyagi helyzet javulása, akkor azt érjük el. De a görcsösségből engedni kell. A gondolat merevségén kell változtatnom, hogy vágyaimat elérhessem úgy, hogy elérése valóban örömöt okozzon. Sokan vannak fáziskésésben: mire elérik céljukat, hőn áhított álmuk megvalósítása már nem azt adja, nem azt az örömet, mit reméltek és vártak tőle. Túl sok energia, félelem, görcs van már a cél eléréséhez megtett úton, és ez inkább elvett belőlük, mintsem többek lettek volna általa.

A különböző gondolatok (mint energia) útra kelnek, hogy megteremtődjenek, megvalósuljanak. Ezek abban a létsíkban élnek tovább, ahol mi vagyunk, csak más dimenzióban. A lehetőségek variációja végtelen. Ha azonban helytelennek ítéljük meg a gondolatot, ami már elindult a manifesztáció útján, van rá lehetőségünk, hogy töröljük azt, ún. gondolatradír segítségével, ami azt jelenti, hogy egyszerűen kimondjuk, hogy „töröl, töröl", és ezzel kiradírozzuk a nem kívánt gondolatsort. Majd elindítunk egy határozott, konkrét módosítást.

✳✳✳

Ameddig harcnak érezzük az életet és kihívásnak az anyagi jólét megteremtését, gondolataink csak ezt az irányt fogják bejárni. Ezt éljük meg mindennapjainkban. Ez pedig szűkíti a beláthatóságát annak a világnak, amelyben az anyagi javak csak kis mértékben vesznek részt.

A gondolat merevségén kell változtatnom, hogy vágyaimat elérhessem úgy, hogy elérése valóban örömöt okozzon.

A gondolatot, ha helytelennek ítélem meg, törölni is tudom.

TUDAT: HANGULAT, VÁGY ÉS IRIGYSÉG

A *vágy* a figyelem fókuszát irányítja. A vágy általában külső ingerek alapján alakul ki. Ez a vágy-impulzus bejut a tudati terembe (ami a fizikai érzékszervek segítségével érkezik el ide), és szeretné meggyőzni a tudat részeit, hogy a beteljesedés érdekében működjenek közre célja elérésében. Így a vágy az, ami működésbe hozza azt a (irányító) figyelő szolgálatot, amely a résztvevőket (ti. részeket) egy bizonyos cél elérése felé tereli. Ez határozza meg, hogy mi az, ami fontos számunkra a külvilágból, és ezért főképp egyéni érdekeinket figyelembe véve az ego segítsége, vagyis az „én" hangsúlyozása kap nagy szerepet.

Az, aki a befelé fordulást tekinti elsődlegesnek – de ebben az esetben sem teljesen elhanyagolandó a külvilág –, inkább a lélek csendes harmóniáját kéri segítségül, hisz' ez teszi lehetővé a belső érzékelésekre való odafigyelést, működtetést.

A vágy minősége határozza meg a közreműködők részvételi arányát (tudatalatti, ego, lélek), vagyis a gondolat minőségét. A gondolat pedig életünk minőségét. Az, hogy mi alapján alakul ki a vágy bennünk, az annak az eredménye, hogy egónk milyen világkép-meghatározó (elvárási) rendszert épített ki magának. Mi az elvárási rendszer? Elvárási rendszerem másokkal szemben nem más, mint saját korlátaim kivetítése a külvilágra, az alapján való „megmérettetés". Ennek megfelelően kíván, illetve ítél meg dolgokat. Ez nagyban befolyásolja a vágy minőségi alakulását. A lélekben rejlő örök tudás magában hordozza a feltétel nélküli szeretetet és elfogadást.

Hogy miből mennyi jut felszínre, vagyis gondolataink milyen arányban vesznek részt alakulásában, az az őket szabályozó rendszertől függ. Ha pl. irigy vagyok mások anyagi javaira, engedem, hogy az ego szabályozó rendszere nagyra nyisson, míg a lélek nemigen hallathatja hangját. Ha viszont kész vagyok másokon segíteni, önös érdekeimet félretenni, azt jelenti, hogy az egót korlátozzuk, hogy a lelkünkből áradó szeretet lett gondolataink, tetteink elindítója. A legjobb, ha itt is harmóniára törekszünk. A harmónia megteremtése azért fontos, mert egyensúly esetén a szeretet „egésszé" válik bennünk, és lehet, hogy egészen mást fogunk fontosnak tartani, mint korábban. Ez az érzés segít, hogy könnyebbnek, lazábbnak, sikeresebbnek érezzük magunkat.

Mindenkinek legyen meg a megfelelő szerepe megfelelő arányban. Itt a tudatban is működik kölcsönhatás, mégpedig oly módon, hogy a vágy minősége hatással van a résztvevők részvételi arányára, ugyanakkor a folyamat visszafelé is igaz. Minden mindennel összefügg bennünk magunkban is, és a világmindenségben is.

A vágy kialakulása egy állandó körforgás, ennek a folyamatnak a működése a következőkben írható le:

1. A külső világ érzékelése (hangulat).
2. A vágy megjelenése.
3. A vágy kielégítésére született gondolatok (a három rész segítségével).
4. A gondolatokat követő cselekedet.
5. A tettek következményeit követő vizsgálat (önvizsgálat).
6. A vizsgálat eredményét követő korrekció. A korrekció állandó jelenség életünkben, ez változásunk mozgatórugója.

A karma (előző életek) adósságait kell elsődlegesen rendezni, kiegyenlíteni fizikai életünk során. Ezeket a tudatalattink tárolja, és ezt az ego olvassa. Ezért az ego – szabad akaratunk szerint – olyan fizikai helyzetet fog teremteni, ahol az adósságrendezés megtörténhet: ilyen például a házasság, a családi kapcsolatok. Ezek a feladatok nehézséget, kihívásokat hordoznak magukban.

A vágyat a hangulat jelentősen befolyásolja. A hangulat, környezetünk vagy saját magunk értékelése adott pillanatban az éppen aktuális tudati beállítási rendszer alapján. A hangulat is kölcsönhatásban áll a folyamatot lezáró tettünkkel, annak következményeivel, és visszafelé is működik. Ezek a tapasztalatok befolyásolják hangulatunkat, vágyainkat, majd gondolatainkat, tetteinket, végül mindennek hatására a következményeket, amelyek elkezdenek visszafelé hatni.

Vágyaink érzelmi töltése pozitív vagy negatív lehet. A hangulat teljesen szubjektív. Amit ma jónak ítélek, holnap már esetleg rossz érzést kelt bennem. Ezért szükséges az önvizsgálat. Nehéz ezt folyamatként leírni, hiszen mintha egy időben történne az egész, a pillanat töredéke alatt. Érzelmileg negatív töltésű hangulatunk lehet, ha irigyek vagyunk másokra, sikereikre, tudásukra. Ez olyan gátló tényező, amikor az objektivitásunkat elveszítve negatív szemlélődők leszünk. A vágy, ami impulzusként bekerül a tudatunkba, nem azt jelenti, hogy olyanok szeretnénk lenni, mint a másik, és ezért hajlandóak is vagyunk tenni. Az irigység kiváltotta vágy azt sugallja: „neki miért van, amikor nekem nincs?". Ez a vágy nem felfelé emel, nem afelé, hogy olyanná váljak, azt tudjam, mint a másik, hanem inkább lehúzó, negatív töltésű.

Irigység: negatív hangulati forma. Kialakulásáért mi magunk vagyunk felelősek, ami azt jelenti, hogy nem vagyunk tisztában saját magunkkal, képességeinkkel, lehetőségeinkkel, így többet állítva, illetve képzelve magunkról, esetleges konkrét szembesülés esetén ez a saját magunkról alkotott kép semmivé válik. Ezért fáj mások boldogulása, mert azzal a miénk válik semmivé. Ha valaki többet képzel magáról, mint amennyit valóban fel tud mutatni, és máséval szeretné beépíteni saját hiányosságait, azt nevezzük irigynek. Saját magunk ámítása, hogy olyannak lássuk magunkat, amilyenek nem vagyunk.

Tudnunk kell különbséget tenni érzés és érzelem között. Az *érzés* lélekszintű, ezért biztos, tiszta: hagyni kell felszínre törni, teret adni neki, ez a legfőbb iránymutatónk. Az *érzelem* már az ego által befolyásolt, átírt, ezért nem kell figyelmen kívül hagyni természetesen, de felülvizsgálatát mindenképpen ejtsük meg (szomorúság, bánat, fájdalom, csalódottság).

A *hangulat* a tudati formán belüli hármas egység működésének (szabad akarat) pozitív, illetve negatív hangolódása, melyet neveltetésünk, tapasztalataink alapján működtetünk attól függően, hogy mennyire kívánunk a külvilágnak megfelelni, illetve saját magunkat fejlesztve, magunkra tudatosan figyelni. A hangulat, mint befolyásoló tényező a „belső" és „külső" világ viszonyát tükrözi egy adott helyzet vagy körülmény kapcsán. Ez az érzet állandóan változik, legalábbis addig, amíg elvárásaink alapján szemléljük és szortírozzuk a világ dolgait. Ha képesek leszünk elfogadni magunkat, a környezetünket olyannak, amilyen, és nem nehezítjük sorsunkat mindenféle elvárások kiépítésével – hiszen ez is befolyásoltságunknak megfelelően változik –, elveszti jelentőségét az elvárási rendszer, és nem korlátoz többé bennünket. Akkor kezdünk elégedetlenkedni elvárási rendszerünk miatt, amikor készek vagyunk meglépni egy következő lépcsőfokot fejlettségi szintünk emelkedőjén. Tudatszint-emelkedés. Ez azt jelenti, hogy többre vágyunk, nagyobb ismeretekre, újabb feladatokra, kihívásokra. Az elégedetlenségünk mindig jelez egyfajta igényt a továbbhaladás felé. Ezt tudva bátran tegyünk lépéseket egy új irányba. Legyünk nyitottak és elfogadóbbak magunkkal, környezetünkkel, a világgal szemben. Ez a tolerancia hozza meg az eredményt életünkben.

***

A vágy a figyelem fókuszát irányítja és külső ingerek alakítják, és jelentősen befolyásolja a hangulat. A vágy kialakulása egy állandó körforgás, ennek a folyamatnak a működése a következőkben írható le:A külső világ érzékelése (hangulat).

1. *A vágy megjelenése.*
2. *A vágy kielégítésére született gondolatok (a három rész segítségével).*
3. *A gondolatokat követő cselekedet.*
4. *A tettek következményeit követő vizsgálat (önvizsgálat).*
5. *A vizsgálat eredményét követő korrekció. A korrekció állandó jelenség életünkben, ez változásunk mozgatórugója.*

A karma (előző életek) adósságait kell elsődlegesen rendezni, kiegyenlíteni fizikai életünk során. Ezeket a tudatalattink tárolja, és ezt az ego olvassa. Ezért az ego – szabad akaratunk szerint – olyan fizikai helyzetet fog teremteni, ahol az adósságrendezés megtörténhet. Ezek a feladatok nehézséget, kihívásokat hordoznak magukban. Az irigység: negatív hangulati forma. Kialakulásáért mi magunk vagyunk felelősek, ami azt jelenti, hogy nem vagyunk tisztában saját magunkkal, képességeinkkel, lehetőségeinkkel, így többet állítva, illetve képzelve magunkról, esetleges konkrét szembesülés esetén ez a saját magunkról alkotott kép semmivé válik. A hangulat, mint befolyásoló tényező, a „belső" és „külső" világ viszonyát tükrözi egy adott helyzet vagy körülmény kapcsán. Ez az érzet állandóan változik, legalábbis addig, amíg elvárásaink alapján szemléljük és szortírozzuk a világ dolgait.

TUDAT ÉS ELVÁRÁSI RENDSZER

Elvárási rendszerünk a neveltetés, iskolai végzettség, szociális, társadalmi hatások, helyi sajátosságok, egyéb külső tényezők alapján alakul ki. Fő meghatározója, hogy neveltetésünk, iskolai tanulmányaink stb. mit irányoztak elő számunkra, és ebből mit tettünk magunkévá, illetve mit utasítottunk el. Tőlünk függött és függ ma is: saját magunk és a külvilág elfogadása alapján működik (világnézet kialakulása). Így tudjuk szabályozni – és ezzel együtt saját korlátunk is lett –, hogy mit engedünk be, és hogyan reagálunk bizonyos helyzetekben. *Elvárásaink* alapján viselkedési mintákat szabunk meg saját magunkkal és másokkal szemben. Ha nem lesznek elvárásaink, nem leszünk ennyire idegesek, feszültek. Az elvárás elégedetlenséget, az az elégedetlenség indulatokat szül. Amennyiben a külső ingerekre, feladatokra nem találjuk a megoldást és elengedni sem tudjuk, reakció hiányában fojtottság alakul ki, ami indulatokat generál. Ha megpróbálnánk elvárásainkat csökkenteni azzal, hogy elfogadóvá válunk saját magunk és mások iránt, közelebb kerülhetnének egymáshoz az emberek. Az örökös véleményformálás, az ítélkezés, amelyet alapos meggyőződés nélkül, többnyire látszatra hozunk, nagyon káros, elsősorban saját magunk számára. Ezzel ugyanis korlátot állítunk magunk elé és egy „zárt rendszerben" fogjuk élni életünket, amelyből hiányzik az elfogadóképesség és ezzel a szeretet. Aki igazán tud szeretni, az feltétel nélkül képes szeretni.

Fontos lazítani: próbáljunk befelé, megérzéseinkre hangolódni, tudatosnak lenni cselekedeteinkben. A tudatos ráhangolódás, amikor szeretem is, amit csinálok. A lélek szeretete az, ami domináns ebben az esetben. Ez a „jobbik" tudatos odafigyelés, amikor érzés formájában szeretettel cselekszünk.

Problémát akkor érzek, amikor a külvilág felől befelé irányuló impulzust adott pillanatban képtelen vagyok befogadni, megoldani.

Ha a beérkező impulzust elfogadom, és kész vagyok annak megoldására figyelni, akkor kész vagyok a *feladatmegoldásra.* Ilyenkor a *problémamegoldó készség* bejut a tudatba erős pozitív impulzusként, amelynek hatására az egyensúlyzavarok (az ego erős félelme) helyreállítására kerül sor, vagy legalábbis próbálkozás a harmónia kialakítására. Ez lehet öngyógyítás is. Beindul a szervezet regeneráló képessége, ami a harmónia kialakítására törekszik, és lehetővé teszi a blokk megszüntetését, az energia normális, egészséges áramlását.

***

Elvárásaink alapján viselkedési mintákat szabunk meg saját magunkkal és másokkal szemben.

Problémát akkor érzek, amikor a külvilág felől befelé irányuló impulzust adott pillanatban képtelen vagyok befogadni, megoldani.

Ha a beérkező impulzust elfogadom, és kész vagyok annak megoldására figyelni, akkor kész vagyok a feladatmegoldásra. Ilyenkor a problémamegoldó készség bejut a tudatba erős pozitív impulzusként, amelynek hatására az egyensúlyzavarok (az ego erős félelme) helyreállítására kerül sor, vagy legalábbis próbálkozás a harmónia kialakítására.

FÉLELEM ÉS BETEGSÉG

A FÉLELEM TERMÉSZETE

A félelem önmagunk és környezetünk negatív érzékelése, ami a jóban és önmagukban való hitünk hiányát mutatja.

A félelem kialakulásáért az egónk a felelős. Amennyiben az egónk lehetővé tenné, hogy a lélekkel való kapcsolat teljesebb legyen, nem történne meg a „rossz" megtapasztalása. Azonban egónknak szüksége van erre, mert csak így tud viszonyítani: mi a „jó" és mi a „rossz" számára. A lélekkel való kapcsolat lehetővé teszi, hogy a mindenek fölötti igazságot, az igaz szeretetet éljük meg és valósítsuk meg a mindennapokban. A hit nagyon fontos minden ember számára. Ha hitünk a szeretetről, segíteni akarásról, alapvetően a jóról szól, azt fogjuk megélni. Amennyiben hitünkben nemcsak a jó elfogadása van, hanem a negatívé is, meg fogjuk azt is tapasztalni. „Alapigazságként" a negatív nem szerepel. Ezt az emberek teremtették félelmeik alapján.

A kudarctól minden ember fél. Folytonos bizonyítási kényszerben élünk: önmagunk, de főképp a külvilág felé. Fontossá vált számunkra a kívülállók véleménye, a külsőségek meghatározóvá váltak életünkben. A félelem az ego reakciója a külvilág megmérettetésével szemben. Az egónak önmagában nincs, vagy csak nagyon kevés tapasztalata van a lélekkel, illetve a tudatalattival szemben, ezért bizonytalanná válik, ha új helyzetbe kerülünk. Nem mindenkire érvényes, hogy egy új helyzetben az ego félelme visszahúzódásra késztet, sőt sokaknál ez a félelem inspiráló lehet. Ezek az emberek direkt módon keresik az újabbnál újabb, sokszor kimondottan veszélyes helyzeteket. Örökké megmérettetik magukat. A sikeres megoldás hozza az igazi elégtételt.

A félelem fontos tapasztalásunk érdekében. Tudnunk kell, hogy mekkora félelem inspirál minket a változásra, és mekkora az, ami inkább visszahúz, elbizonytalanít, esetleg beteggé is tehet. A cél mindenképpen az, hogy félelmeinket csökkentsük annak érdekében, hogy határozottan haladjunk utunkon. Legyen erőnk a változtatásra, ha akadályba ütközünk. Az akadály is mi vagyunk, meg kell tanulni kezelni azt. Azt a pontot kell megtalálnunk, amely a félelem mértékét normalizálja: amikor már akadályt, nehézséget okoz életünkben. A betegségek már erős figyelmeztetések, nem érdemes megvárni, hogy kialakuljanak.

Bíznunk kell azonban abban, hogy szeretetünk eredményeként szeretetet fogunk megélni, megtapasztalni. Ebben nem vagyunk magunkra hagyva, hiszen figyelő, segítségnyújtó lények vesznek körül és segítenek abban, hogy meglássuk, megéljük a jót.

A hit a legnagyobb erősségünk abban, hogy megtaláljuk a kivezető utat, ha nehéz helyzetbe kerülünk életünk folyamán. Ha félelmeink nem takarják el e lehetőséget (hitet), nincs olyan nehézség, amit ne tudnánk legyőzni.

Nincs eleve elrendeltség az életünkben. Mindig adva van lehetőség, hogy segítséget hívjunk és azt igénybe is vegyük. Szabad akarattal születtünk, minden helyzetben van választásunk. De a félelem meggátolhat bennünket ennek tudatosításában. A segítséghívás, a változtatásra való készség azt jelenti, életünkben a tapasztalás megtörtént.

Vannak meghatározott vállalásaink, amelyeket megszületésünk előtt vázoltunk magunknak: mit szeretnék elérni, teljesíteni földi életünkben. Ez egy vázlat, minden ránk van bízva, mit valósítunk meg belőle. Az *én* elhatározása, felvállalása szabja meg, milyen ütemű fejlődést irányoz elő magának, milyen tapasztalásokat vállal fel a viszonyítás érdekében, hiszen meg kell, hogy ismerje a rosszat ahhoz, hogy tudja, mi a jó. „Mindenkinek megvan a maga keresztje", tartja a mondás. Vállalt feladataink révén célunk a teremtő szeretet, a lét megtapasztalása. Ebben van nagy segítségünkre a hit.

***

A félelem önmagunk és környezetünk negatív érzékelése, ami a jóban és önmagunkban való hitünk hiányát mutatja.

Kialakulásáért az egónk felelős.

A félelem fontos földi tapasztalásunk érdekében. Tudnunk kell, hogy mekkora félelem inspirál minket és mekkora az, ami inkább viszszahúz, elbizonytalanít, esetleg beteggé is tehet.

Vállalt feladataink révén célunk a teremtő szeretet, a lét megtapasztalása. Ebben van nagy segítségünkre a hit.

BŰN ÉS FÉLELEM

A papoktól, az egyház képviselőitől gyakran halljuk, hogy a bűn az emberben lakozik: gondolatai és cselekedetei nagy része bűnös. Mi is a bűn?

Ha megvizsgáljuk magunkat, úgy gondoljuk és érezzük, nem vagyunk bűnösök. Miért is lennénk azok? Mert szeretünk olyan élvezeteket, amelyre az egyház rásütötte a „bűn" bélyegét? Miért lenne bűn önmagában nézve, ha valaki szeret enni? Az emberek alapvető vágya, hogy szeretik jól érezni magukat. Ezzel még nem követünk el vétséget sem másokkal, sem önmagunkkal szemben. A bűn valamiféle ártás önmagunknak vagy másoknak. Ilyen a hazugság, ami nagyon komoly és súlyos „bűn" lehet. Rosszindulatot és félelmet feltételez. Aki nem fél, annak nincs szüksége arra, hogy hazudjon. A tiszta lélek, a tiszta gondolkodás eredménye, következménye sohasem lehet bűn. Ha mások ellen direkt módon vétünk, az valóban bűn. Ez csak azokban lakozik, akik erősen félnek. Félelmüket kivetítik a környezetükre és károsan hat világszemléletükre. Aki fél, nem tud – vagy nem is akar – másoknak igazán segítségére lenni, először is, mert képtelen rá – nem tud önmagán kívül másra gondolni –, másodszor, mert csak irigységet érez mindenki iránt, aki „jobb" helyzetben van, mint ő. Ez az igazi bűn.

A félelem felkorbácsolása és ezzel jobbik énem (lélek) háttérbe szorítása. Vagy ha a félelmet direkt módon gerjesztem másokban, nehogy „szem elől" tévesszem a történéseket, az emberek viselkedését, azok irányítását. Ki szabja meg, nekem mi a jó? Ha ezt mindennapjaimban úgy élem meg, hogy ezzel másokat nem bántok, ki mondja nekem, hogy bűnös vagyok? Nincs az a földi helytartó, aki engem elítélhet, mert nem tartom magam bűnösnek az egyház szigora értelmében. Isten nem büntet.

Jézus is beszélt a bűnről, de a butaság, a hiszékenység, a félelem „bűnéről", amellyel magunkon kívül másoknak is árthatunk.

54

„Változtassátok meg gondolkodástok" mondata arra utal, hogy a bűn nem magában a létezésben van, hanem csak a félelemmel teli gondolatok szüleménye.

Jézus megkísértése azt jelentette, hogy ha a félelem győzedelmeskedik csak egy pillanatra is, elbukik.

Erős, tiszta hittel – hit a jóban, az egyetlen lehetséges Teremtőben – élve nincs helye életünkben a félelemnek, így a bűnnek sem.

A kereszt valóban bűnt jelent szimbolikusan. Ezt vette a hátára Jézus annak érdekében, hogy – az egyház tanítása szerint – magára vegye az emberek bűneit. Ez a magyarázat azért lehet megnyugtató a vallásgyakorlók számára, mert az embert ezzel feloldozza a bűn és a bűnhődés alól.

Attól függően, hogy eddigi életeink során hogyan tapasztaltuk meg a jó és a rossz fogalmát, mindannyian voltunk már bűnösök is és ártatlanok is. Jók is, rosszak is.

A bűnt az emberek gondolatai teremtették, félelmeikből adódóan. Minden negatív hatás a félelem eredménye. Egyetlen bűnünk lehet: a félelem.

***

A tiszta lélek, amely a tiszta gondolkodás eredménye, következménye sohasem lehet bűn. Ha mások ellen direkt módon vétünk, az valóban bűn. Ez csak azokban lakozik, akik erősen félnek. Félelmüket kivetítik a környezetükre és károsan hat világszemléletükre. Aki fél, nem tud – vagy nem is akar – másoknak igazán segítségére lenni, először is, mert képtelen rá – nem tud önmagán kívül másra gondolni –, másodszor, mert csak irigységet érez mindenki iránt, aki „jobb" helyzetben van, mint ő. Ez az igazi bűn.

A bűnt az emberek gondolatai teremtették, félelmeikből adódóan. Minden negatív hatás a félelem eredménye. Egyetlen bűnünk lehet: a félelem.

FÉLELEM ÉS CÉLTÉVESZTÉS

Minél erősebb valakiben a félelem, annál szűkebbre veszi elvárási rendszerének „szűrőit". Egyre inkább eltávolodik környezetétől, egyre kevesebb embert enged igazán magához, egyre inkább magába fordul. De fordítva is működik, hiszen egymást erősítik félelmeink és elvárásaink. Amennyiben elvárásaink nagyok, kevés kapcsolatot merünk vállalni, ezeket pedig túlértékeljük: úgy véljük, nagyon értékesek és fontosak, elkezdjük félteni őket, és ez erősíti félelmünket.

Egyre nagyobb a félelmünk, hogy elveszíthetjük társunkat, munkahelyünket, karrierünket, barátunkat. A félelmet azonban igyekszünk leplezni, és ezzel egyre természetellenesebbé válik viselkedésünk annak függvényében, hogy mennyire félünk. Határozottnak mutatjuk például olyan helyzetekben is magunkat, ahol bizonytalanok vagyunk; érezzük, hogy nem hiteles a viselkedésünk, de nem tudjuk, hogyan kellene változtatni.

Először is, ha elégedetlenek vagyunk „látszat" magunkkal, vizsgáljuk meg a gyökereket: kutassuk fel vágyainkat! Őszintén tegyük ezt, mert ha újra becsapjuk magunkat, a változás lehetőségét szalasztjuk el. Lehet, hogy már messze haladtunk tőle, és ezért érezzük jelen helyzetünkben, hogy valami nincs rendben. Elmentünk egy olyan irányba, ami már nem a miénk, ez csak afféle sodródás. Újra meg kell határozni a célt, ami legyen jó és tiszta. Vágyhatunk bármire, csak azt tegyük őszintén, anélkül, hogy bárkinek ezzel rosszat tennénk.

Miután újra megtaláltuk, *mit* is szeretnénk, a *hogyan* lesz a fontos kérdés. Tudnunk kell, bíznunk kell abban, hogy a lehető legjobb történik velünk, olyan célt irányoztunk magunk elé, amit el is érünk. Egy kis idő elteltével, amíg hagytuk magunkat hitünkben, hogy minden úgy és annak érdekében történik, hogy az számomra a legjobb – ez egy kissé olyan állapot, mintha kapaszkodó nélkül maradtunk volna, de ez természetesen nem így van, csak messzebb vannak ezek a kapaszkodók, nagyobb teret hagyva lényünknek ahhoz, hogy érzékeljük lehetőségeinket –, megjelenik gondolatainkban a konkrét mód, hogyan is legyen tovább. Ez újra erős és kézzelfogható kapaszkodót nyújt számunkra, így újra elkezdhetünk előre haladni, de most már abba az irányba, amely a leginkább a miénk.

Ezt az önvizsgálatot bármikor megtehetjük, amikor úgy érezzük, *ez már nem is az én világom, amit kialakítottam magam körül.* Az első és legfontosabb teendő leülni, és őszintén megkérdezni magamtól, mit is szeretnék igazán. Az érzésben benne van a tudás. Tudni fogjuk, mi a miénk, melyik utat kell választanunk. Hinnünk kell a lehetőségnek, amely felkínálkozott számunkra annak érdekében, hogy változtassunk.

A jelek, és/vagy az érzés, hogy nem vagyunk a helyünkön, megállásra intenek. Ez válik segítőnkké a továbbiakban. Ez a megállás, áttekintése, felkutatása önmagamnak, ami lehetővé teszi, hogy szembenézzek olyan dolgokkal, amelyeket eddig nem tettem, mert beletörődtem abba, hogy sodor magával az áramlat, rajtam kívül álló okok miatt kerültem az adott helyzetbe. Az evezőlapát azonban az én kezemben van, és bármikor helyes irányba terelhetem csónakomat.

✳✳✳

Minél erősebb valakiben a félelem, annál szűkebbre veszi elvárási rendszerének „szűrőit". Egyre inkább eltávolodik környezetétől, egyre kevesebb embert enged igazán magához, egyre inkább magába fordul.

A jelek, és/vagy az érzés, hogy nem vagyunk a helyünkön, megállásra intenek. Ez válik segítőnkké a továbbiakban. Ez a megállás, áttekintése, felkutatása önmagunknak, ami lehetővé teszi, hogy szembenézzünk azzal, hogy elveszítettük eredeti célunkat, vágyainkat.

Miután újra megtaláltuk, mit is szeretnénk, a hogyan lesz a fontos kérdés. Tudnunk kell, bíznunk kell abban, hogy a lehető legjobb történik velünk.

FÉLELEM ÉS ÉLETFELADATOK

Két érzelem létezik: a szeretet és a félelem: Ahol tehát nincs félelem, ott szeretet van. Isteni lénynek tekintjük magunkat, de Isten nem fél. Isten szeretetet és lehetőséget ad arra, hogy mindezt megtapasztaljuk. Ha csökken a szeretet, nő a félelem, és ez fordítva is igaz. Ilyen egyszerűen működnénk, ha hinnénk ebben, és abban is, hogy egyszerű mindezen változtatni: a szeretetet megélni, és kiiktatni a félelmet az életünkből. Hitet kell teremtenünk magunkban. Hitet abban, hogy az történik velünk, ami számunkra a legjobb, hiszen nem tudjuk pontosan, mit kellene megtapasztalnunk ahhoz, hogy érthetőbbé váljon számunkra a világ, és benne saját magunk „működése". Nem tudjuk pontosan, milyen vállalással érkeztünk, mit szeretnénk jelen életünkben megtapasztalni: az ego nem látja összefüggéseiben mindezt. Ezért jó, ha a helyzetünket feladatainkkal együtt elfogadjuk, annak megoldására törekszünk, tudva azt, hogy ami elénk jön, bármilyen feladat is legyen az, a mi érdekeinket szolgálja, hiszen megtapasztalása elkerülhetetlen számunkra. Ha itt és most nem oldjuk meg, hiábavalónak érezhetjük ittlétünket, és valószínű, hogy következő életünkben ugyanezzel a feladattal újra valamilyen formában találkozunk, mindaddig, míg megoldás nem születik rá. Csak ekkor léphetünk előre, készülhetünk újabb tapasztalati élmények megszerzésére. A körülmények pozitív, illetve negatív irányba fordulása viszont teljes egészében a mi „teremtésünk". Nem más-más a lényege a különbözőségünknek, csak másképp éljük meg létünket adott helyen, adott időben, a fizikai lét síkján. Rajtunk múlik bolygónk létének milyensége, ennek függvényében jövője. Éppen ezért arra kell törekednünk, hogy létünk legyen tiszta, őszinte, szóljon a szeretetről, az egymáshoz tartozásról! Változnunk kell ahhoz, hogy megváltozzon a világ is körülöttünk, hogy gyermekeink és azok gyermekei is békében élhessenek egy teljes és egységes, egészséges világban. Ez mindenkinek érdeke lehet attól függetlenül, hogy milyen ország lakója, milyen felekezet, vallás gyakorlója.

Mindenképpen nagy könnyebbséget ad életünk folyamán az érzés, hogy nem veszhetünk el. Mindig érezzük az egységet, és azt, hogy *minden* az érdekünkben történik, és ezért hálásnak kell lennünk. Hálásnak azért, hogy lehetőségünk nyílik egyre többet megtapasztalnunk és ezáltal egyre inkább világossá válik szerepünk a jelen világban, illetve a nagy egész viszonylatában. Tudnunk kell, miért vagyunk itt, ahhoz, hogy figyelmünk ne terelődjön olyan területre, amely nem hoz számunkra sikert, boldogulást, előrelépést. A félelem gyökerei mélyen az egóban rejlenek. Onnan nő, növekszik, attól függően, mekkora figyelmet szentelünk neki. A pesszimista ember fő jellemvonása negatív élmények bevonzása, vagyis állandó erős félelemérzet a lét számos területén. Saját életében ezt úgy valósítja meg, hogy teljesen sikertelen embernek könyveli el magát, akinek törvényszerűen semmi sem sikerül. Ebből a hitéből egy erős elhatározással tudja kizökkenteni magát: változtat gondolkodásmódján, erős koncentrációval figyeli, koordinálja gondolatait.

Mindannyiunknak ezt kell tennünk: figyelnünk kell gondolatainkat. Mi az, amitől félünk? Mihelyt egy félelemmel teli (vagy negatív) gondolat megszületését érzékeljük, meg kell vizsgálnunk alaposan, vajon miért is félünk ennyire az adott dologtól, személytől, helyzettől, önmagunktól. Meg kell vizsgálnunk alaposan félelmünk tárgyát.

Sokan félnek attól is, hogy a félelmeikkel foglalkozzanak, boncolgassák azokat. Ők még gyengének érzik magukat e lépéshez, és valószínűleg szükségük van tapasztalatok szerzésére továbblépésük érdekében. Nincs mindenki egy szinten, ezért nem is várhatjuk el mindenkitől, hogy kész legyen a változtatásra. A „nem vagyok önmagam" állapot szorongással, önváddal, elégedetlenséggel, kisebb-nagyobb hazugságokkal együtt járó, hosszan fenn nem tartható állapot, betegséghez vezethet. Ahhoz, hogy szembenézzünk félelmeinkkel, érdemes a következő kérdéseket őszintén megválaszolnunk önmagunknak:

- Mitől félek?
- Mit eredményez ez a félelem?
- Mit szeretnék igazán és őszintén?
- Van/vannak-e megoldási lehetőségeim?
- Tudok-e ehhez segítőt/segítőket kérni?

***

Hitet kell teremtenünk magunkban. Hitet abban, hogy az történik velünk, ami számunkra a legjobb, hiszen nem tudjuk pontosan, mit kellene megtapasztalnunk ahhoz, hogy érthetőbbé váljon számunkra a világ, és benne saját magunk „működése". Nem tudjuk pontosan, milyen vállalással érkeztünk, mit szeretnénk jelen életünkben megtapasztalni: az ego nem látja összefüggéseiben mindezt.

Ahhoz, hogy szembenézzünk félelmeinkkel, érdemes a következő kérdéseket őszintén megválaszolnunk önmagunknak:

- *Mitől félek?*
- *Mit eredményez ez a félelem?*
- *Mit szeretnék igazán és őszintén?*
- *Van/vannak-e megoldási lehetőségeim?*
- *Tudok-e ehhez segítőt/segítőket kérni?*

BETEGSÉG: ENERGIABLOKK

A blokk összesűrűsödött feszültség, energia. Az, hogy milyen területen jelenik meg, nagyban attól függ, hogy milyen jellegű problémái vannak az embernek. Ha valaki nehezen nyílik meg, nem könnyű számára a kommunikáció, akkor pl. a torok részen jelentkezhet blokk. Ez a blokk megakadályozza a szervezet harmonikus működését, hiszen egyes területeket szinte kizár a tökéletes együttműködésből. A blokk félelemből adódik. Minél erősebb a félelem, annál jobban bezár az ember, egyre inkább elhiszi, elfogadja, hogy nem mer megszólalni társaságban, idegenek előtt. Fél, hogy butaságot mond, vagy nem tudja magát kellőképpen kifejezni. Mindez az önbizalom hiányára vezethető vissza. Esetleg egy kudarcélmény váltotta ki belőle a téves elképzelést, hogy nem tudja úgy kifejezni magát, mint sokan mások, vagy amit mond, érdektelen.

A gyomortájékon kialakuló blokk, fájdalom, megemészthetetlen problémákra utal. A lábunkban, kezünkben jelentkező, cselekvésképtelenséget, illetve a láb esetén az egyhelyben járást, topogást, félelmet attól, hogy az életben meglépjünk bizonyos dolgokat. Az újtól való félelem (ami az önbizalomhiányból fakad, mert nem hisszük el magunkról, hogy egy új helyzetben is feltalálnánk magunkat) teszi velünk, hogy inkább ragaszkodjunk megszokott dolgainkhoz még akkor is, ha már ez számunkra hátrányos. Csupán azért ragaszkodom hozzá, mert ezt már ismerem, megszoktam, ha tudom, hogy rossz, akkor is.

A blokk, ha hosszú ideig nem vagyunk hajlandóak tudomást venni róla, betegséget okozhat. A sejtek érzik, hogy nem vesznek részt az *egész* munkájában, valami okból kirekesztették őket. Jelzésképpen üzenetet küldenek felén: figyelmet kérnek, elégtelen működésre hívják fel a figyelmünket. Ez az üzenet a betegség lehet.

Első dolgunk a lazítás legyen. Pihenjünk, figyeljünk testünkre, a tüneteinkre. Gondoljuk végig, vajon mit nem tettünk meg azért, hogy szervezetünk egyensúlyban maradjon. Rájövünk, hogy félünk. Félünk valamitől, és ez a gondolat megbetegített bennünket. Próbáljunk meg saját érdekünkben tenni magunkért. Azzal, hogy 1-2 gyógyszert bekapok, aztán megint minden a régi, csak ideig-óráig működik; mindaddig, míg egy komolyabb betegség jelentkezik. Ne várjuk meg bekövetkezését, tegyünk magunkért. Mi tehetünk a legtöbbet magunkért, ugyanakkor mi magunk vihetünk végbe iszonyú rombolást saját magunkban.

***

Ez a blokk megakadályozza a szervezet harmonikus működését, hiszen egyes területeket szinte kizár a tökéletes együttműködésből. A blokk összesűrűsödött feszültség, energia. Az, hogy milyen területen jelenik meg, nagyban attól függ, hogy milyen jellegű problémái, félelmei vannak az embernek.

A blokk, ha hosszú ideig nem vagyunk hajlandóak tudomást venni róla, betegséget okozhat. A sejtek érzik, hogy nem vesznek részt az egész munkájában, valami okból kirekesztették őket. Jelzésképpen üzenetet küldenek felénk: figyelmet kérnek, elégtelen működésre hívják fel a figyelmünket.

BETEGSÉG ÉS GYÓGYULÁS

A gyógyulás, ugyanúgy, mint az egészség, harmóniát jelent. Energiáról van szó, ami a fizikai testet is meghatározza, élteti. A betegség energiablokk, a gyógyulás pedig harmónia, ami lehetővé teszi a blokk, a görcs oldását és a helyes energiaáramlás létrejöttét.

Ez a legkézenfekvőbb és legegyszerűbb eljárás a test és lélek harmóniába hozatala céljából. E két rész különválasztása nem célszerű, mert harmónia hiányában a test különböző problémái nem orvosolhatók, még gyógyszerrel sem. A gyógyulás nem egyenlő a gyógyszerszedéssel. Nem a vegyi vagy (jobb esetben) a természetes alapanyagból készült pirulák – bár ezek mellett az szól, hogy nem ártalmasak, mint a kemikáliák – fogják az embert meggyógyítani.

Erre csak a saját öngyógyító rendszere és hite képes, függetlenül mindenféle gyógyszertől. A lényeg ebben az esetben is a *hit*: „Legyen hitetek szerint." Ha abban hiszek, hogy betegség esetén bekapok egy pár szem kapszulát, esetleg „csodaanyagot" és ettől áll helyre az egészségem, akkor így fogok működni. Ha abban hiszek, hogy ha megtalálom magamban a „Miért lettem beteg?" kérdésre a választ, a szervezet öngyógyító mechanizmusa automatikusan beindul. A betegség nem más, mint valamiféle kudarcélmény megélése; trauma, amiről nem vettünk tudomást vagy nem dolgoztuk fel, és így a testünk jelzi, hogy valamire oda kellene figyelnünk. Figyelmeztet, hogy változtatnunk kell a gyógyulásunk és saját magunk érdekében. A gyógyulás problémamegoldást jelent, ha nem a gyógyszer hatásától várom a javulást.

A kívülről érkező megoldásokban, módszerekben való hit azt jelenti, nem foglalkozom azzal, ami valójában a betegséget okozta a szervezetemben, nehéz szembenézni önmagammal és változtatni megszokott, berögzült dolgaimon. Ezt nem szeretjük, túl macerásnak gondoljuk és az egyszerűbb megoldást választjuk, a gyógyszerszedést. Újra önmagunkon kívülre helyezzük a problémát is és annak megoldását is. Ez valóban kényelmesebb így, de nem visz bennünket előre. Sok „csodagyógyszer" van, mégis sokkal több a beteg, mint korábban. Csodálkozunk. A gyógyszerek tüneti kezelés révén javulást hoznak, de a probléma, a feladat, aminek megoldásával késlekedünk, továbbra is probléma marad, és megoldása is egyre nehezebbnek tűnik. A betegség újra és újra fel fogja ütni a fejét különböző formában, ha magáról a problémáról megfeledkezünk.

Ne helyezzük magunkon kívülre sem a feladatainkat – hiszen az saját érdekemben jön felém, hogy annak megoldásától még több lehessek, többet tapasztaljak –, sem annak megoldását.

Saját életünk, egészségünk, betegségünk alakítói vagyunk. Senki nem osztott ránk betegséget, mi magunk alakítottuk ki magunkban, így annak megoldása, helyretételnek lehetősége is bennünk van.

A gyógyulás folyamata tehát:

1. problémafelismerés,
2. változtatni akarás.

Mi fogalmaztuk meg a vágyat a vágyközpontban, és ha ennek érdekében cselekszünk, figyelmeztetést kapunk önmagunktól. Ilyenkor meg kell vizsgálnunk, hogy valóban kivitelezhetőnek, igaznak, őszintének érezzük-e vágyunkat, mert ha nem, akkor módosítani kell rajta. Ha viszont újra igaznak hisszük a vágyat, cselekedjünk – átértékelés után – annak érdekében, hogy valóra váljon. Ezért történik figyelmeztetés a betegség révén: a vágynak és cselekedeteinknek összhangban kell lenniük, tehát ezt kell megvizsgálnunk adott pillanatban. Semmi sem történik véletlenül, és a legapróbb jelnek, ami velünk történik, jelentése, üzenete van számunkra. Az ember „automatikusan működik". Ugyanúgy, ahogy megbetegíti magát, képes meggyógyulni is önmagától.

A Teremtő tökéletesre teremtette a világot és minket is. Csupán a hitünk és a szeretetünk az, ami mindezt bebizonyíthatja.

***

A betegség energiablokk, a gyógyulás pedig harmónia, ami lehetővé teszi a blokk, a görcs oldását és a helyes energiaáramlás létrejöttét.

A betegség nem más, mint valamiféle kudarcélmény, trauma megélése, amiről nem vettünk tudomást vagy nem dolgoztuk fel és így a testünk jelzi, hogy valamire oda kellene figyelnünk. Figyelmeztet, hogy változtatnunk kell a gyógyulásunk és saját magunk érdekében.

A gyógyulás folyamata tehát:

1. problémafelismerés,
2. változtatni akarás.

A GYÓGYULÁS FOLYAMATA
ÉS A GYÓGYÍTÓ SZEREPE

Mindenki saját maga dönt saját sorsát illetően. Így arról is, hogy meggyógyul-e, elérte-e a betegség a célját, vagy sem. Mindezeket maga dönti el a beteg.

Aki valóban őszintén, szívből vágyik a gyógyulásra, valóban hajlandó tenni is érte, az meggyógyul. Nem azt jelenti számára ez a folyamat, hogy az orvosok vagy gyógyítók „csodát tesznek" a szervezetében, a betegség leküzdésében, amit neki csak „tűrni" kell. Túl kényelmes lenne ez a megoldás, és aki így tesz, tehát másoktól várja megoldást, kizárja a választás lehetőségét életéből.

Mi magunk idéztük elő a betegséget, mi magunk is tudjuk azt helyrehozni, ha belátjuk a változás szükségességét és megtaláljuk a választ arra a kérdésre: Miért volt nekem szükségem erre? Mit tanultam belőle? Min szeretnék változtatni? A gyógyító, az orvos csak segítséget nyújthat, de a beteg saját magát fogja meggyógyítani a hitével és a felismerésekkel.

Ezek a felismerések teszik lehetővé, hogy a betegséget előidéző negatív gondolatokat alapos elemzés után átalakítsuk pozitív gondolatokká. Ez már lehetővé teszi az öngyógyulás folyamatának beindítását. A gyógyító ennek a folyamatnak az intenzitását tudja segíteni, de a beteg közreműködése nélkül nem teheti meg, illetve nem célszerű megtenni, mert ebben az esetben csak még jobban árthat a betegnek.

Minden rajtunk múlik: az első lépés a gyógyulásban, hogy hiszünk ebben. Nem vagyunk magunkra hagyva az univerzumban, kellő segítséget kapunk, ha döntöttünk állapotunkat illetően. Ha a gyógyulást választottuk, ahhoz kapunk nagyon erős segítséget. Ezt a hitünk teszi lehetővé, hogy ezt az úgynevezett Teremtő vagy univerzális energiát segítségül kérjük, igénybe vegyük.

Nincs olyan betegség, amit ne lehetne visszafordítani. De ehhez szükség van az ego „én" döntésére. Ha elodázza vagy nem hisz a gyógyulás lehetőségében vagy önmagában, hogy képes legyűrni a betegséget, akkor végzetessé is válhat.

Ha az egészség mellett dönt, akkor szembe kell néznie önmagával, őszintének kell lennie, akarnia kell tovább élni, hinnie kell abban, hogy van értelme az életének.

A gyógyítók közül sokan vannak, akik a tudást „sajátjuknak" tekintik. Nem azt tanítják az embereknek, hogy te is ugyanennek a tudásnak vagy a birtokában vagy, csak a te figyelmed még elkalandozik. Ami önmagában nem baj, de ezt kihasználva vannak gyógyítók, akik saját nagyságuk fitogtatására használják ezt a lehetőséget, ami nemcsak az övék, hanem mindenki másé is. Ez a tudás onnan származik, ahonnan mindenkié: a Teremtőtől. Ugyanaz az energia éltet engem is, mint a másikat, ugyanaz a tudásanyag van bennem is, mint a másikban. Csak egyvalami más, éspedig a figyelem. Ezen múlik, hogy az isteni „tudás" birtokába jussunk. A lélek az, ami a Teremtés egész tökéletességét magában hordozza: az istenit. Az, hogy ki mennyire hajlandó meghallani halk szavát, egyéntől és annak figyelmétől, vágyaitól függ.

Az igazán jó gyógyító az, aki nem önmagának kíván dicsőséget szerezni, hanem tiszta, őszinte szeretet és segíteni akarás vezérli. Itt nem lehet szempont sem a hírnév, sem a pénz.

***

Mi magunk idéztük elő a betegséget, mi magunk is tudjuk azt helyrehozni, ha belátjuk a változás szükségességét és megtaláljuk a választ arra a kérdésre, hogy „Miért volt nekem szükségem erre? Mit tanultam belőle? Min szeretnék változtatni?" A gyógyító, az orvos csak segítséget nyújthat, de a beteg saját magát fogja meggyógyítani a hitével és a felismerésekkel.

Ezek a felismerések teszik lehetővé, hogy a betegséget előidéző negatív gondolatokat alapos elemzés után átalakítsuk pozitív gondolatokká. Ez már lehetővé teszi az öngyógyulás folyamatának beindítását.

A gyógyító tudása onnan származik, ahonnan mindenkié: a Teremtőtől.

A HALÁL TERMÉSZETE

Nem lenne szükségszerű, hogy megöregedjünk és meghaljunk. Ebben a tapasztalási rendszerben alakítottuk ezt ki így annak érdekében, hogy újra és újra próbálkozzunk válaszolni a kérdésekre: Miért is vagyok én itt? Itt és most? Keressük a választ, és a tapasztalatainkkal támasztjuk alá. Körforgás ez, mely a nagy körforgás része. Lehetőségünk, „időnk" végtelen, mint maga a Teremtés. Újra és újra megszületünk, míg a választ meg nem találtuk létünkre.

Az újrakezdés miatt van szükség a „végre".

Öregedésünk jele annak a folyamatnak, amely jelzi, fáradunk, bizonyos dolgok, illetve többségük érdektelen számunkra. Elkezdünk befelé fordulni és nem látjuk már az utat, nem látjuk értelmét, hogy tovább haladjunk. Általában az emberek nagy része küzdelemnek, küszködésnek tekinti az életet, amibe bele is fárad. És ez így forog körbe-körbe az idők végezetéig.

A halál a folyamat végén – ami nem minden esetben jár együtt az öregedéssel – következik be, Minden esetben mi döntjük el, mikor, hogyan távozunk e világból.

A VALÓSÁGBAN VALÓ LÉTÜNK TERMÉSZETE

SZERETET ÉS FÉLELEM

Mindenki szeretne sikeres, boldog ember lenni. Ez azonban csak akkor lehetséges, ha megtanulunk szeretni. Azaz nem pontos a kifejezés, hiszen a szeretet nem ismeretlen fogalom számunkra. Öröktől fogva, a Teremtés kezdetétől velünk van, bennünk él és mi benne élünk. De akkor miért nem érzékeljük mindezt? Miért nem tartjuk a legfontosabbnak? Mert figyelmünk, amely-lyel érzékelhetnénk külső világunkban, illetve önmagunkban a szeretetet, egészen más irányba fókuszál. És csak egy irányba, a fizikai világunk anyagi, kézzelfogható világára. Csak az anyagi javak birtoklása (illetve annak hiánya) érdekel bennünket. Ezért vagyunk örökké elégedetlenek. Ez egy el nem múló, örökös félelemforrás. Biztonságunkat – amelyre mindenki vágyik – az anyagi jólét megteremtésében látjuk. Ezért ennek megszerzéséért fáradozunk egész életünkben.

Tényleg erről kell, hogy szóljon az életünk? Biztosan nem, mert embert pénz még nem tett boldoggá. De boldog ember jutott már pénzhez. Fordítva sokkal inkább érhető a folyamat, és egészségesebb is.

Ha csak az anyagi javak nyújtotta boldogságra vágyunk, soha nem érjük azt el. Tudnunk kell, hogy világunk egyrészt a bennünket körülvevő, fizikai érzékszerveink segítségével érzékelhető, másrészt egy sokkal érzékenyebb, finomabb ráhangolódást, figyelmet igénylő belső világból áll. Mindkettő fontos kell, hogy legyen számunkra, mindkettő fontos szerepet játszik életünk alakulásában. Ezért sem tehetjük meg, hogy csak és kizárólag a külső, anyagi világ felé fordítjuk figyelmünket. Meg kell találnunk az egységet, az egyensúlyt, a harmóniát, amely lehetővé teszi, hogy mindkét „világ" egyaránt fontos legyen számunkra, és figyelmünk segítségével érzékeljük azok üzenetét.

Minden egy a Teremtésben, azonban mi, emberek, tapasztalásunk érdekében egónkkal teszünk különbséget a két világ között, amely azonban teljes egészet alkot.

Ez úgy lehetséges, hogy az ego egyeduralmát, akaratát korlátozzuk oly módon, hogy örökké nagyító alá véve önmagunkat, tudatában kell lennünk félelmeink gyökerének. Ha tudjuk félelmeink okát, meg is tudjuk változtatni azt pozitív irányba. Az eljárás a következő:

Mindenki elért már olyan ponthoz az életében, amikor úgy érezte, megfeneklett, nem tud továbblépni, nem tudja, hogyan tovább. A külvilág, amelyben azt érzékelem, hogy zavarosak a körülöttem lévő dolgok, üzenetet hordoz számomra. Jelzi, hogy vizsgálódjak önmagamban. Valamit nem jól gondolok, változtatnom kell. A vizsgálódás tárgya tehát önmagam leszek. Megvizsgálom belső énemet őszintén: milyen vagyok, milyen kudarcaim, sikertelenségeim voltak. Mi volt ezek mögött az igazi ok? Miért hazudok önmagamnak? Miért másokat hibáztatok, önmagamon kívülre teszem a félelmem okait? Ha nem szeretem azt, amit csinálok, nem szeretem a munkámat, akkor meg kell kérdeznem magamtól, hogy „de akkor miért kell ezt csinálnom"? Nem szabad hagyni a következő hazugságot megjelenni, miszerint pl. nem találok mást; ezt már megszoktam; közel van stb. Ezek mind hazugságok. Ezeket újra elsöpröm, és újra felteszem a kérdést, és ezt addig ismételjük, amíg az igazi okot meg nem találjuk.

Ez a sok kérdés úgy is hangozhatna egyszerűbben: *Mitől félek valójában?* Mi az oka annak, hogy hazugságokkal áltatom magam; miért vagyok rendszerint ideges, boldogtalan, netán beteg? Miért vagyok örökké elégedetlen, miért nem tudok semminek sem igazán örülni, miért van bennem az a sok elvárás, főleg másokkal szemben? És miért vagyok türelmetlen? Mintha mindig lemaradnék, lekésnék valamiről. Miért? Rengeteg miértet kell feltennünk önmagunknak és figyelnünk kell, mert a válasz valahol, valamilyen formában megérkezik, ha valóban őszintén kíváncsiak vagyunk rá. Figyeljük önmagunkat, mit teszünk, hogyan tesszük, mit beszélünk. Figyeljünk és tanuljunk. A válasz meg fog érkezni.

A valódi kérdés az: *Miért nem tudok igazán szeretni?*

Az erre a sok miértre érkező válaszok egyben feleletet adnak majd arra a kérdésre is: *Mitől félek, mi az a félelem bennem, amely a szeretet érzését elnyomja?* Sem önmagamat, sem másokat nem vagyok képes igazán szeretni. Ha idáig eljutottunk és megkaptuk a választ, hozzákezdhetünk a változtatáshoz. Ez önmagunk megváltoztatása annak érdekében, hogy a korábbi sikertelenségek, kudarcok ne ismétlődjenek meg és szeretet érzése járjon át.

***

Minden egy a Teremtésben, azonban mi, emberek, tapasztalásunk érdekében egónkkal teszünk különbséget a két világ között, amely azonban teljes egészet alkot.

A valódi kérdés az, hogy „Miért nem tudok igazán szeretni?".

Az erre a sok miértre megérkező válasz pedig válasz lesz arra a kérdésre, hogy mitől félek, mi az a félelem bennem, amely a szeretet érzését elnyomja. Sem önmagamat, sem másokat nem vagyok képes igazán szeretni. Ha idáig eljutottunk és megkaptuk a választ, hozzákezdhetünk a változtatáshoz. Ez önmagunk megváltoztatása annak érdekében, hogy a korábbi sikertelenségek, kudarcok ne ismétlődjenek meg és szeretet érzése járjon át.

ELFOGADÁS: „MINDEN JÓ AHOGY VAN"

A zen tanítás, miszerint „minden jól van, ahogy van", a nyugati ember számára tágabb értelmezést igényel. Ez egy eredeti gondolatsor tömörré és hangzatossá formálásából ered. Eredeti közegben a gondolatsor a következő volt: felhívta az emberek figyelmét elsősorban arra a tényre, hogy a szemünk és más fizikai érzékszerveink, ha úgy tetszik, „becsapnak" bennünket. Ez nem igazán becsapás, csak a teljesség érzésének hiánya annak következtében, hogy csak a fizikai érzékelések iránt vagyunk figyelemmel. Emellett, illetve ezzel párhuzamosan a szellemi élet világára való odafigyelés is hasonlóképpen fontos lenne, éppen a teljesség érzékelése iránti vágyból fakadóan.

De mi sajnos erről megfeledkezünk, sokszor tudomást sem veszünk róla. Pedig minden sokkal egyszerűbb és világosabb lenne, ha mindkét világ létezését elismernénk, figyelmünket mindkettő felé irányítanánk. Ezért fontos, hogy elfogadjuk azt, ami a fizikai világ síkján történik velünk, legyen az „jó" vagy „rossz". Tudnunk kell, hogy nekünk valamiért nagyon fontos azokat a dolgokat megtapasztalni, ami éppen akkor történik velünk. Ezért fontos, hogy elfogadjuk és megéljük, hogy minden a mi érdekünkben történik, tehát jól van úgy, ahogy van.

De rögvest legyen első dolgunk feltenni magunknak a kérdéseket: Miért történt ez velem? Mi az oka? Mit kell nekem ebből tanulnom? Ha az én érdekemben történt, vajon mit fordíthatok belőle saját javamra?

Az említett idézet tehát nem beletörődést, fásultságot, épp ellenkezőleg, fejlődést, vagyis tudásvágyat jelent, amit analízissel valósíthatunk meg egy objektív nézőpontból: mintegy kilépve önmagunkból próbáljuk szemlélni és elemezni a történteket.

Az elfogadás kiindulópont a tovább haladáshoz. Ha a helyzetemmel elégedetlen vagyok, csak rágódom, idegeskedem rajta, esetleg mélyen elásva magam sajnálkozom önmagamon, akkor bizony nem jutok előbbre. Csak egyhelyben állok, és toporzékolásom következtében magamat egyre mélyebbre ásom. És ez a folyamat elindít egy másikat is: kizárom önmagamat az engem körülvevők köréből is. Ha ugyanis nehéz helyzetbe kerülve csak saját siralmaimat hangoztatom, ezzel bombázok másokat, eközben elfelejtek másokra figyelni, akkor ez ahhoz vezet, hogy kizárom magam a körükből. A barátok, munkatársak – úgy érzem – egyre távolodnak tőlem, nem érdekli őket, mi történik velem. Pedig csak az történik, hogy senki sem szereti, ha valaki a problémáit folyton a „nyakába önti" és eközben a másik nem is érdeklődik iránta, csak a saját sérelmeivel, bánatával van elfoglalva. Az állandó önsajnálat és a történtekért való felelősségvállalás alóli kibúvókeresés egyre zárkózottabbá teszi az egyént.

Ne zárjuk ki magunkat a világból! A javítani akarás mindenképpen nyitva tartja számunkra a kaput a világra, ahonnan az impulzusok kedvező hatása következtében helyzetünk javulása várható. Csak elfogadással tudunk nyitottak lenni.

***

Lényeges, hogy elfogadjuk azt, ami a fizikai világ síkján történik velünk, legyen az „jó" vagy „rossz". Tudnunk kell, hogy nekünk valamiért nagyon fontos azokat a dolgokat megtapasztalni, ami éppen akkor történik velünk. Ezért fontos, hogy elfogadjuk és megéljük, hogy minden a mi érdekünkben történik, tehát jól van úgy, ahogy van.

MI A TUDÁS?

Mindenki tud valamit. Kinek mit jelent a tudás, az teljesen változó és nem definiálható. Mást jelent a tudás a nyugati ember számára, és mást a keleti világ emberének. Mégis mindenki ugyanazt tudja, csak más-más megközelítésben. A világ, amelybe beleszülettünk, mindenki számára más volt. Más a történelme, a kultúrája, a tanítási módszere, értékrendje. Mindez az emberek különbözőségét volt hivatott kiemelni, és az volt a cél, hogy a különbözőség természetességét, ebből adódóan toleranciát, lojalitást mutasson.

Minden nép vagy népcsoport azt tartotta igaznak, amit a saját kultúrájától kapott hosszú-hosszú időn át. Soha, semmilyen körülmények között nem mutattak elfogadást egymás iránt. Vajon miért? Miért igazabb az én hitem, mint a tiéd? Mi enged erre a következtetésre juttatni bennünket? Nem bátor kijelentések ezek? Ki tudja, mi az igazság? Miért kell ezeket az egyedi igazságokat törvényekkel, erőszakkal betartatni, ha egyszer igaz? Miért érezzük, hogy itt valami nem egészen tiszta, valami itt már sérült, esetleg már bizonyos érdekeket képvisel és véd másokkal szemben? Ez így igaz lehet?

Az alapkérdésre válaszolva: a tudás az elfogadásban rejlik. Ha el tudom fogadni a másikat olyannak, amilyen, az azt jelenti, képes vagyok felülemelkedni a megszokott ellenségeskedésen, és ebben a felülemelkedettségben rejlik a tudás. A tudásban, mint minden másban, szeretet van. Szeretet önmagam – ez elsődleges és nem önzésből fakad – és mások iránt.

Ez a szeretet adja nekem a tudást, hogy tudniillik mindenben „csak" az isteni szeretet lakozhat, ezáltal alapjában véve senki sem különbözik a másiktól.

Ez a különbség, ami érzékelhető, és ami csak itt a fizikai világban létezik, abból adódik, hogy más-más feladattal és tapasztalatszerzési vággyal érkeztünk a Földre.

A kreativitásunk, a szabad akaratunk teszi lehetővé a sokszínűséget, a különbözőséget. De ez csak a külcsín. Belül mindenki ismeri az igazságot, ami a szeretet igazsága. De ezt sajnos már egyre jobban elkendőzik, bár egyre nehezebben birkóznak elfedésével.

Mindenki csak vár egy jelre, amely lehetővé tenné, hogy levessük magunkról a kényelmetlen áligazságokat, amelyek súlya egyre nehezebb, és egyre rosszabbul tűrjük. De változtatni nem akarunk, és ezért nem is tudunk rajta. Külső megoldásokban gondolkodunk, és egyre inkább csak a szemünknek hiszünk, és sajnos nem a szívünknek. Pedig mit lát a szemünk? Egy csalfa áligazságokon alapuló, hazug világot, amelyből szinte mindenki felvállalja saját részét. Ettől viszont már fáradt, beteg, kilátástalan helyzetben találja magát, és széttárva karjait a körülményekre hivatkozik. Mindenki másra mutogat, mindenki mást okol saját helyzetéért. Miért is felelős a másik? Mit kényszerít rám? Talán az is tilos lenne, hogy őszinte legyek önmagammal, hogy ne hazudjak legalább önmagamnak?

Nekünk saját magunkban kell megtalálnunk a hibát saját helyzetünkért, életünkért. Senki nem irányítja azt, csak mi magunk.

Mire érdemesítjük magunkat? Hazugságra, megalkuvásra? És csodálkozunk boldogtalanságunkon. Vajon mi történne akkor, ha egyszer megkeresnénk önmagunkban az őszinte embert? Legalább ki kellene próbálni. Veszíteni nem lehet vele, csak tanulhatunk belőle. Nekem magamnak kell eldöntenem, mi fontos számomra és mit teszek meg érte.

Ne csak sopánkodjunk, próbáljunk önvizsgálatot folytatni úgy, hogy az első kudarc elemzése során ne a környezetünket és ne másokat okoljunk.

Önmagamban kell a hibát megtalálnom mindentől és mindenkitől függetlenül.

Csak önmagamért vagyok felelős, ezt fel kell tudni vállalnom.

***

A tudás az elfogadásban rejlik. Ha el tudom fogadni a másikat olyannak, amilyen, az azt jelenti, képes vagyok felülemelkedni a megszokott ellenségeskedésen, és ebben a felülemelkedettségben rejlik a tudás. A tudásban, mint minden másban, szeretet van. Szeretet önmagam – ez elsődleges és nem önzésből fakad – és mások iránt.

Ez a szeretet adja nekem a tudást, hogy tudniillik mindenben „csak" az isteni szeretet lakozhat, ezáltal alapjában véve senki sem különbözik a másiktól.

Ez a különbség, ami érzékelhető, abból adódik, hogy más-más feladattal és tapasztalatszerzési vággyal érkeztünk a Földre.

A FIGYELEM

Mindenképpen ráhangolódásra, összeszedettségre, odafigyelésre van szükségünk ahhoz, hogy a megfelelő irányba állítsuk figyelmünket.

Tudnunk kell, melyek azok a gondolatok, amelyek elterelik figyelmünket a meghatározott iránytól, céltól. Ezek általában vissza-visszatérő gondolatok, amelyeket figyelmünk következtében állandó jelleggel lebegtetünk magunk körül. Ezeket a gondolatokat (amelyek lehetnek valamilyen történéssel vagy személlyel, helyzettel kapcsolatosak, lehet, hogy a múltban történt, lehet, hogy friss esemény adja a gondolat magját) kell a helyükre tenni, mint kivasalt ruhákat a szekrénybe. Tudnunk kell, minek hol a helye, nekünk mindebből mire van szükségünk. Előtte azonban vizsgáljuk meg, vajon miért pont ezek a gondolatok kergetőznek a fejünkben, és egyáltalán miért visszatérőek számunkra. Talán nem elemeztük eléggé (őszintén) a történteket; talán tanulnunk kellene belőle valamit, vagy esetleg helytelen következtetéseket vontunk le magunk számára?

Nézzük át őket ilyen szemmel is ahhoz, hogy végleg a helyükre kerüljenek és a megfelelő tapasztalatokat vonjuk le belőle. Ez azért fontos, hogy a továbbiakban ne terelje el figyelmünket adott pillanatról.

Érezzük magunkban a harmóniát, a belső csendet, a megnyugvást. Olyan, mint nagytakarítás után, amikor minden a helyére kerül, felfrissül, és mi a tisztaság kellemes érzésével tekintünk magunk elé. Ezt a letisztázott állapotot félelmeink megszüntetésével érhetjük el. Mitől félek? És miért? Félek, hogy valami „rossz" fog történni az életemben? Miért aggódom, és félek előre nem látható dolgok miatt? Miért mindig csak a rosszra tudok gondolni ilyen esetekben? Miért jó nekem, hogy félek? Ha pedig nem jó, akkor miért félek? Miért tartok fenn olyan félelmeket, amelyeket hagyok is állandósulni életemben? Mindig valami rossztól félünk, valami rossz fog történni velünk vagy szeretteinkkel. Mi az a rossz?

Fontos tudnunk annak érdekében, hogy változtatni tudjunk rajta. Mit ítélek rossznak, és miért?

Ha megkérdezünk bárkit is, bizonyos formában fontos szerepet játszik életében biztonság. Ki hogyan éli meg, vagy kívánja megteremteni azt. Nemcsak saját, hanem családja, ismerősei számára is igyekszik a biztonságot megteremteni. Itt van egy alapvető félreértés. A biztonságot nem kell megteremteni, a biztonságérzet belülről fakad. Hogy mi ezt is csak a külvilág keretein belül keressük, az az egyoldalú szemléletünk következménye, amely csak a kézzelfogható anyagi világot ismeri. Az anyagi világ felől érkező impulzusok hatása a személyekre és ezek – az ego következtében – szubjektív megítélése alakította ki bennünk a jó és rossz érzetét. A jó, amikor elvárasaink igazolódnak, a rossz, amikor nem.

Az elvárások, amelyekkel körülvettük magunkat, védekezéshez, önvédelemből kellenek, észrevétlenül, de bezártak minket. Mi zártuk be önmagunkat elvárásaink, feltételeink korlátai közé. Védeni akartuk magunkat, és ez oly „jól" sikerült, hogy teljes egészében kizártuk magunkat az egészséges, lüktető, fejlődő haladás folyamatából. Mert a haladás nyitottságot kíván. A lehetőségek tárháza kifogyhatatlan, de azért, hogy megtaláljuk a megfelelőt, nyitottnak kell lennünk. Korlátok, elvárások nélkül, mert soha nem tudhatjuk, honnan érkezik számunkra a segítség. Ehhez hitre van szükség. Hinni, hogy az történik velünk, ami számunkra a legjobb, és nem elvárásokat állítani és megszabni, hogyan lenne nekünk valóban jó. Még az sem megy igazán, hogy őszinték legyünk önmagunkkal szemben, és tudnánk, mi az, amit valóban szeretnénk, mi az, ami jó nekünk. Minden ember megtapasztalta már, hogy milyen az, amikor szíve szerint, illetve ellenére cselekszik. Fontos tapasztalatokat élhettünk meg általa. Miért van akkor mégis, hogy örökké úgymond kompromisszumokat kötünk – és emiatt folyton nehézségekbe ütközünk? Miért? Mert így történik a figyelmeztetés, hogy nem vagyunk őszinték. Erre érdemes odafigyelni, mert félelmeink legyőzéséhez szükség van őszinteségre. Meglátni, belátni korlátainkat, ehhez bizony nem is kevés őszinteség kell, mely jó, ha erős változtatni kívánással párosul.

Be kell látnunk, meg kell győzni magunkat arról, hogy félelmeink alaptalanok, és inkább negatív irányba hangolnak, nem pedig segítenek bennünket. Ha megszűnnek az elvárások, megszűnik a „rossz" érzékelése. Megértjük, hogy szükségünk van tapasztalatokra, amelyek nem csak pozitív, szeretetteljes dolgokról szólnak. De csökkenthetjük a megélt tapasztalatok negativitását, ha nem állítunk önmagunk elé korlátokat, nem kudarcként élünk meg helyzeteket, nem sajnáljuk önmagunkat. Azért vagyunk itt, hogy tapasztaljunk, tanuljunk, de ez csak úgy lehetséges, ha a feladatokat hajlandóak vagyunk megoldani a lehető legjobban, anélkül, hogy elvárásokkal nehezítenénk helyzetünket, illetve helyzetmegoldó készségünket. Akkor tud a lehető legjobban működni, ha nyitottak, figyelmesek, szeretetteljesek vagyunk.

Mit is jelent tehát a figyelem? Egy több lépcsős folyamatot. Egyrészt negatív tulajdonságaink felismerését (pl. türelmetlenség, elégedetlenség, hazugság, szeretetlenség, az anyagiakra való túlzott figyelés, elvárások). Az arra a kérdésre adott válaszokat, miszerint mitől alakultak ki, milyen félelemből erednek. Például félelem attól, hogy nem szeretnek, ezért elkezdtem beásni magam „védelmi vonalaim mögé", negatív tulajdonságaim mögé. Ezt gondoltam védelemnek, hogy ne fájjon, ha nem szeretnek. Ez azonban boldogtalanná tesz egy idő után, és rájön az ember – vagy inkább ráérez –, hogy valami hiányzik az életéből: a szeretet.

Ennek alapján a változtatásra való hajlandóságot – szeretnénk szeretni, és szeretnénk, ha szeretnének. Ennek érdekében a félelmeinkkel való szembenézést, elengedést, a figyelemmel való behelyettesítést. Akkor lehet elengedi a félelmet, ha szembenézünk vele, elfogadjuk, így a félelmekkel szembeni ellenállás kioldódik, nem kap energiát és így kioldódik.

A figyelem az, ami lehetővé teszi a szeretet áramlását önmagam és a külvilág felé. A mindenkori adott pillanatra való figyelem biztosítja, hogy szeretettel éljük életünk minden pillanatát, és ez a Teremtés igazi csodája, a szeretet megtapasztalása. Mindehhez erős szeretet utáni vágyra, hitre, önbecsülésre és őszinteségre van szükség.

A figyelem arra irányul, amit fontosnak tartunk!

Még ha tudjuk is, hogy helytelen ez a gondolat, de az a lényeg, hogy valamiért nekünk fontos. Ez (a valamiért) lehet pozitív, illetve negatív előjelű. Általában a negatív dolgokon tudunk igazán időtlen ideig rágódni, és mindaddig eltereli figyelmünket az igazán fontos dolgokról.

Ezért fontos a rendszerezés, nagytakarítás, hogy efféle kerengő gondolatok ne maradjanak a fejünkben, és ne térítsék el figyelmünket. Csak azért, hogy elégedetlenségünket, sajnálkozásunkat ébren tartsák.

∗∗∗

Az anyagi világ felől érkező impulzusok hatása a személyekre és ezek – az ego következtében – szubjektív megítélése alakította ki bennünk a jó és rossz érzetét.

A jó, amikor elvárasaink igazolódnak. A rossz, amikor nem.

1. Felismerés
   Negatív tulajdonságaink összegzése – pl. türelmetlenség, elégedetlenség, hazugság, szeretetlenség, túlzott figyelés az anyagiakra, elvárások.

   Kérdés: Mitől alakultak ki? Milyen félelemből ered?

2. Változtatás
   Szeretnénk szeretni, és szeretnénk, ha szeretnének.
   Ennek érdekében első lépés félelmeinkkel való szembenézés, elengedés (feleslegessé válásuk következtében).

3. Elengedés
   Vagyis elengedjük a félelmet, helyettesítjük a figyelemmel. Szembenézünk félelmeinkkel, megéljük, ezáltal elvesztik az ellenállás energiáját, és kioldódik

4. Figyelem:
   A figyelem az, ami lehetővé teszi a szeretet áramlását önmagam és a külvilág között, biztosítja a mindenkori adott pillanatra való fókuszt, annak szeretettel való megélését.

A FIGYELEM FEJLESZTÉSE

A tudatalatti, az ego és a lélek együttműködése a figyelem, ami elsősorban önmagunk felé irányul, és ha őszinték vagyunk önmagunkhoz, felszínre hozza a lényünk mélyén születésünktől fogva meglévő feladatot, amiért tulajdonképpen megszülettünk. Ennek megvalósítása akkor eredményes, ha képesek vagyunk mindig az adott pillanatra figyelni. Ez azért fontos, mert adott pillanatban benne van a MINDEN. A tudás, a segítség, a szeretet. De mivel egy folyamatról van szó, a segítség elkezd visszafelé hatni és eljut hozzánk. Olyan formában, hogy adott pillanat megélésében, döntéseiben pozitív segítséget kaphatunk, hogy az történhessen velünk, ami számunkra az adott pillanatban a legjobb.

Ha minden isteni energia, vagyis szeretetenergia, miért lehetséges, hogy az emberek túlnyomó hányada ideges, depressziós, egyre több a beteg, a kábítószeres, az alkoholista, a bűnöző?

Hogy lehet akkor járvány, háború, természeti katasztrófa, illetve egyéb, emberi mulasztás okozta katasztrófa? Az ember mindig is alkotó lény volt. De soha nem tudta – vagy nem akarta – mérlegelni „alkotása" negatív, illetve pozitív tulajdonságait, későbbi kihatásait. A természet adta egyszerű, ám tökéletes „létezés példája" az embereket nem késztette az egyszerűség, világosság, a belső értékek keresésére. Inkább a külsőségek váltak fontossá, amik megmutathatók, amelyek mások előtt tekintélyt parancsolók, tiszteletet, esetleg (az egyház esetében) alázatot parancsolók.

A nagyravágyás örökös útvesztőjén – ami szó szerint értendő, mivel a megoldást nem a külső világ hordozza magában, hanem mindenki csak önmagában keresheti és találhatja azt meg – könnyen eltévedhet az ember.

Nagyon sokszor előfordul, hogy ezeknek a nagyravágyó terveknek a megvalósításához mások letaposására, megalázására, kihasználására, letaszítására, becsapására „van szükség".

Ezeket a nagyravágyókat csak a külső megnyilatkozás érdekelte. Egyre többek, egyre nagyobbak, egyre hatalmasabbak akartak lenni. Ez pedig rendszerint nem ment, és nem megy ma sem szépszerével. Nagyon sok esetben szükség van erőszakra. Ez lehet mikrokörnyezetben (családon belüli, vagy munkahelyi erőszakosság), de vezethet háborúkhoz is. Talán a szürke katona akar mindenáron érvényt szerezni akaratának azzal, hogy öl? Nem! Parancsra teszi, mégpedig olyan emberek parancsára, akik nagyravágyó terveket dédelgetnek magukban. Ennek megvalósítása érdekében pedig semmi és senki sem szent számukra.

Nos, ha minden „csak" az isteni teremtés energiája lenne, akkor mindez nem fordulhatna elő.

A Teremtés úgy tökéletes, ahogy van. Mi, emberek viszont saját kis világunkban olyan gondolati energiákat tudunk létrehozni (mint „teremtők"), melynek negativitása a Teremtés egészére ugyan nincs hatással, de a mikrovilágunk (amely zárt, és csak egy szeletke a Teremtés végtelenjében) bizony belepusztulhat. Rendkívüli károkat okozhatunk mi magunknak is, de a bennünket körülvevő természet egyszerű és tiszta működését is veszélyeztetjük nagyravágyó álmaink megvalósításával.

Mert bizony mindenkinek van kisebb-nagyobb álma, vágya, amely arról szól, hogy a jelenleginél többet, jobbat szeretne magának. Ezek elsősorban anyagi természetűek. A pénz, a vagyon hajszolása vezet minket a pusztulásba.

Sokan vannak, akik fel sem tudják élni vagyonukat, mégis űzi őket a vágy, és minél több van, annál erősebb a késztetés, hogy még többet szerezzenek. Már nem a megélhetés, annak jobbítása a cél: maga a verseny, a szerzési vágy viszi őket előre.

És itt már nem mindig fontos a tisztesség, az őszinteség, a szeretet. Nagyon sokan csak a pénzt, a külső csillogást szeretik, ez a legfontosabb számukra, ám csöndes és sötétebb pillanatban – ha nem a ragyogásra figyelnek – ráébrednek, hogy valami hiányzik. Hiányzik valami belülről, amit nem tudnak a pénz értékével meghatározni. Ez a befelé figyelés hiányát, annak elvesztését jelenti. Ha ilyenkor rájön valaki, hogy tulajdonképpen mi is az, ami hiányérzetet okoz, könnyű dolga van. Egyensúlyba tudja hozni a külső és belső értékek mérlegét. Ez a SZE-RETET hiányának felismerése, és ha szeretnénk „megtanulni", az érzést megtalálni, sikerülni fog.

Ez megteremti életünkben az említett egyensúlyt, harmóniát. Aki harmóniában él önmagával és környezetével, az nem szór szét, nem fröcsköl szét mindenféle negatív energiát, gondolatot. Ezeket a negatív gondolatokat félelmeink hozzák létre és táplálják azokat.

Amennyiben képesek vagyunk megteremteni a harmóniát önmagunkban, a teremtő energia jótékony hatását korlátlanul élvezhetjük. Teljes körű segítségnyújtásban van részünk.

Bármi, amihez nyúlunk, ami körülvesz, ha szeretettel, figyelemmel fordulunk felé, segítségünkre lesz életünk minden pillanatában és helyzetében. Ilyenkor boldogságot, szeretetet érzünk a szívünkben, és ez az átható szeretetáramlás valósul meg bennünk.

Ha harmonikus vagyok és figyelmes, érzékelhetem a felém mindenből áradó szeretetet, amely megnyitja a szívemet önmagamhoz és másokhoz. Képes leszek szeretetet adni másoknak. Ez vonatkozik emberekre, tárgyakra, növényekre, magára a TEREMTÉS egészére. Amennyiben ennek működését gátolja valami, ami nem más, mint a félelem, ez az egyszerű, természetes, de ugyanakkor rendkívül hathatós folyamat nem működik.

Negatív gondolatainkat félelmünk idézi elő. Kétféle érzés létezik az emberben: a szeretet és a félelem. Ezek aránya önmagunkban határozza meg jellemünket, viselkedésünket, egész gondolkodásunkat, és így „teremtéseinket" is.

Mivel képesek vagyunk mások kárára is önmagunkat, vágyainkat előtérbe helyezni, ez nem mutat mást, csak azt, hogy félünk.

Miért kezd el az ember aggodalmaskodni, és szeretne mindig többet magának? Mert fél a holnaptól. Fél a bizonytalanságtól. Ez pedig nem más, mint az önmagába vetett hit hiánya, illetve önmaga bizonytalansága. Mindezeket magából kivetíti, és mint külső meghatározó tényezőt – amitől félnie kellene – kezeli. A félelmeit kivetíti, és utána már – sajnálva önmagát – mint külső körülményt veszi számba. Pedig teljességgel helytelen eljárás, amit egyszerűen a félelem csökkentésével el lehet kerülni. Ha félelmeimet visszahúzom, kiderül, nincs is olyan külső körülmény, amely miatt aggódnom, félnem kellene. Egyszerűen megoldódik a probléma úgy, hogy én a félelmeim által saját magamnak kitalált problémákat szüntetem meg azáltal, hogy a félelmemet visszahúzom. Ha már tudom, hogy ez így működik, szabályozhatóvá válik a folyamat.

Mindig tudnom kell, ha olyan helyzetbe kerülök, ami problémát rejt számomra, hogy figyelnem kell elsősorban önmagamra, feltéve azt a kérdést, hogyan voltam képes önmagamat félelmem következtében egy számomra kedvezőtlen helyzetbe hozni? Ha megtaláljuk a gyökerét, mindent meg tudunk változtatni.

FELADATOK A FIGYELEM FEJLESZTÉSÉHEZ

1. Meg kell vizsgálni, minek a hiányát jelzi félelmünk!
Pl. Félek szeretni – ez egy alapfélelem –, ami a szeretet bezárását, a hit hiányát és az önbecsülés eltiprását jelenti. Mivel azonban eljutottam idáig, ez bizonyos mértékű őszinteséget mutat.

2. Vissza kell állítani az eredeti harmonikus állapotot. Hogyan?
Számba veszem, mi az, ami fontos számomra, amire szükségem van. Ketté kell tudnom választani, mi az, ami fontos, és mi az, ami nem, sőt káros. Két csoportban kell meghatároznom.

Fontos (szükségem van rá):
- hogy szeressek és szeressenek
- hogy szabad legyek, hitem segítsen, hogy testem-lelkem szabad legyen
- hogy képesnek tartsam önmagam arra, hogy „éljem" az életet úgy, ahogy az a legjobb nekem
- és, hogy mindezt őszintén tegyem

Nem fontos (nincs rá szükségem):
- akaratosság,
- anyagi javakhoz való ragaszkodás
- hazugságok
- kiabálás
- szeretetlenség
- idegeskedés
- hitetlenség
- figyelmetlenség
- türelmetlenség
- megszokás-kényelem-ragaszkodás
- elvárások

- megalkuvás
- elégedetlenség
- tiszteletlenség
- kétkedés

3. A felsorolt negatív tulajdonságok kizárása oly módon, hogy tudatosan beállítom figyelmem azokra a dolgokra, amelyek fontosak. Ez komoly odafigyelést, őszinteséget, tudatosságot igényel. Idővel ennek működése is automatikussá válik, de addig nagy odafigyelést igényel.

A felsorolt negatív tulajdonságok kizárása oly módon, hogy tudatosan beállítom figyelmem azokra a dolgokra, amelyek fontosak. Ez komoly odafigyelést, őszinteséget, tudatosságot igényel. Idővel ennek működése is automatikussá válik, de addig nagy odafigyelést igényel.

***

A tudatalatti, az ego és a lélek együttműködése a figyelem, ami elsősorban önmagam felé irányul, és ha őszinte vagyok önmagamhoz, felszínre hozza a lényem mélyén születésemtől fogva meglévő feladatot, amiért tulajdonképpen megszülettem. Ennek megvalósítása akkor eredményes, ha képesek vagyunk mindig az adott pillanatra figyelni. Ez azért fontos, mert adott pillanatban benne van a MINDEN. A tudás, a segítség, a szeretet.

Ha harmonikus vagyok és figyelmes, érzékelhetem a felém mindenből áradó szeretetet, amely megnyitja a szívemet önmagamhoz és másokhoz. Képes leszek szeretetet adni másoknak. Ez vonatkozik emberekre, tárgyakra, növényekre, magára a TEREMTÉS egészére. Amennyiben ennek működését gátolja valami, ami nem más, mint a félelem, ez az egyszerű, természetes, de ugyanakkor rendkívül hathatós folyamat nem működik.

PROBLÉMÁK

Az, hogy kinek mennyi és milyen „problémái" adódnak életе folyamán, az mindig tőle magától függ. Ezek a problémák, amik valójában feladatok, nem lettek előre precízen megtervezve a születést megelőző köztes létben, hiszen ott csak egyfajta irányvonal megtapasztalása a feladat. Ebben a helyzetben is fontos, hogy megtaláljuk a helyünket, az örömeinket, és ami a legfontosabb: tudnunk kell, hogy ebben a helyzetben is a szeretet az egyetlen, ami segíthet, ami a legfontosabb lehet számunkra.

Itt, a fizikai lét síkján olyan élethelyzet adódik számomra, amelyben az „előirányzott" feladatot megélhetem, megoldhatom.

Az, hogy ez milyen formában jön elém, korábban nem lett konkrétan meghatározva. De amennyiben egy kevésbé megrázó helyzetből nem tanulok és nem oldom meg a feladatomat, egyre súlyosabb helyzetet teremtek saját magam számára, hogy a vállalt feladatot megoldjam.

Egyre szembetűnőbb és egyre nehezebb helyzetből kell, hogy tanuljak. Ettől függ, hogy kinek mennyi és mekkora „problémája" van az életben.

„Legyen hitetek szerint." Jézus üzenetének valós jelentése a mai napig nem ért el hozzánk. Meg kell értenünk, hogy hitünk alakítja, formálja életünket. Az jön felénk, amit hiszünk. Ha félünk, akkor a félelem jön hozzánk, pl. olyan formában, hogy a létsík egy másik dimenziójából a félelem hozzám hoz egy figurát. Egy olyan manifesztációt, amitől itt a fizikai világban félek, irtózom. A kislányomnál ez kígyó formájában jelentkezett. Ezt a kígyót látta ő a szobájában, amikor olyan élethelyzetbe került, ami döntések meghozatalára, saját maga felvállalására késztette. És ez bizony félelemmel töltötte el. Ez az időszak az iskolakezdés volt, amikor önállóan kellett részt vennie a közösség életében. Nem bújhatott el, nem szaladhatott a karjaimba, ha valami kellemetlenség érte. Viselkednie kellett. Ez a félelemmel teli időszak váltotta ki a kígyó megjelenését. Mivel képes vagyok én is más dimenziókat érzékelni, nem mondtam a gyermeknek, hogy butaságokat beszél, mert magam is meggyőződhettem róla, hogy a kígyó a szobájában van. Ezt a kígyót csak ő tudta „visszavarázsolni", mégpedig félelmei lecsillapításával, bizonyos döntések meghozatalával. Csak az ő félelme vonzza, a mi szobánkba nem jön a kígyó, mivel minden negatív és rossz gondolati megvalósulást távol tartok magamtól azzal, hogy mélyen hiszem, hogy nem tud nekem semmi sem ártani, csak én magamnak a félelmeimmel.

Vannak, akik hiszik, hogy létezik az átok, ezzel befogadóvá válnak. Figyelmük egy részét leköti, így gyakran előfordul ilyen emberekkel, hogy „fog rajtuk az átok". Ami azt jelenti, hogy hitrendszerükben szerepelt az átok elfogadása (elméletileg), ezzel bevonzották és félelmük hagyta azt megvalósulni, vagy legalábbis még erősebb félelmet, rettegést váltott ki. Fontos, hogy higgyünk annak, aki átélt ilyen jelenséget, nyugtassuk meg jelenlétünkkel, odafigyelésünkkel. Pár napig jobban figyeljünk rá. Beszéltessük arról, mit megél, amit lát. Próbáljunk meg együtt rájönni, vajon mi okozza az erős félelmet. Lehet egy régről magunkkal cipelt probléma, ami végképp nem odázható tovább. Esetleg több probléma együttes hatása. Vagy újszerű, erősen sokkoló hatású élmény. Mindent őszintén meg kell vizsgálni. És a beszélgetés, a problémákon való gondolkodás meghozza azt a megoldást.

Ezzel, úgy érezzük, tisztábbak lettünk. Nyugodtabbá, magabiztosabbá válunk. Félelmeink tovatűnnek, és ezzel minden negatív élmény elröppen. A semmibe vész. Fontos, hogy figyeljünk magunkra, családtagjainkra, ne hagyjuk a problémákat felhalmozódni. Ha nem tudjuk még a tökéletes megoldást, soha ne könyveljük el magunkban úgy, hogy mi ezt képtelenek vagyunk megoldani.

Tartsuk szem előtt a jézusi tanítást: „Legyen hitetek szerint".

***

A problémák valójában életfeladatok.

„Legyen hitetek szerint." Jézus üzenetének valós jelentése a mai napig nem ért el hozzánk. Meg kell értenünk, hogy hitünk alakítja, formálja életünket. Az jön felénk, amit hiszünk. Ha félünk, akkor a félelem jön hozzánk, pl. olyan formában, hogy a létsík egy másik dimenziójából a félelem hozzám hoz egy figurát. Egy olyan manifesztációt, amitől itt a fizikai világban félek, irtózom. De hozhat egy egyszerű fizikai helyzetet, aminek a megélése kellemetlen. Pl. provokáció, ellenségeskedés, meg nem értettség stb.

KOMPROMISSZUMOK

Az emberek azzal, hogy kompromisszumokat kötnek, önmagukat becsülik, értékelik le, és ezzel azt érik el, hogy kiveszik magukat a folyamatból. Magukon kívülinek – általuk nem befolyásolhatónak – ítélik helyzetüket, önmagukat kirekesztve, cselekvőképtelenné téve külső szemlélői mindannak, ami velük és körülöttük történik. Úgy értékelik saját helyzetüket, hogy azon változtatni csak a csoda segítségével lehet, mert ők ezért semmit sem tudnak tenni. Mintha bárki is belekényszerítette volna őket ebbe a helyzetbe.

Mégis, miért választottuk szinte mindannyian megannyi helyzetben azt a kompromisszumos megoldást, amely számunkra egyáltalán nem volt előnyös és érzéseink ellenére volt?

Miért könnyebb lemondani, megalkudni, önmagunkat feladni, holott az lenne a legfontosabb egész életünkben, hogy önmagunk legyünk? Az emberek nehezen vállalják fel önmagukat hibáikkal együtt. Ehhez alapvetően őszinteségre van szükség. És az ilyen helyzetek, amelyek kompromisszumokról, önmagunk megtagadásáról szólnak, azt jelentik, inkább vállaljuk ezt, mintsem hogy őszinték legyünk. Az őszinteségtől mindannyian félünk, mert félünk a leleplezéstől. Attól, hogy az általunk festett világot valaki, vagy önvizsgálatunk során mi magunk hamisnak találjuk. De akkor miről szólt eddig az életünk? Hazugságokról, áligazságokról? Annyira nehezen megy ezeknek a felismerése, felvállalása, változtatása, hogy inkább vállaljuk – akár életünk végéig is – a megalkuvást, a kompromisszumokat, esetleges hazugságokat csak azért, hogy ne kelljen őszintének lennünk; csak azért, hogy ne kelljen változtatnunk megszokott dolgainkon.

A megszokás bilincsként fogja kezünk-lábunk, ha ragaszkodunk hozzá. Teljesen torz képet alakít ki önmagunkról, a világról. Azzal, hogy a változás és változtatás lehetőségét elutasítjuk, ezáltal annak lehetőségét is elszalasztjuk, hogy saját helyzetünkön változtassunk. Nagyon sok elfásult, önmagát cselekvőképtelennek tartó emberrel találkoztam. Mindannyiunkban jelen volt a tehetetlenség és a nagymértékű elégedetlenség érzése. Természetesen ez az elégedetlenség sem önmagukra, hanem a helyzetükre vonatkozott, aminek kialakulásához szerintük nem volt semmi közük. Miért gondoljuk, hogy csak a körülmények felelősek életünk alakulásáért? Azért, mert nem vesszük tudomásul, hogy mi is a folyamat részei vagyunk, mégpedig kiinduló, irányító szerepben.

Ez a „kiveszem magam a folyamatból, nehogy önmagamnak kelljen bármit is tenni önmagamért" gondolkodásmód megalkuvással jár. Ennek a szemléletnek alapvetően csak a „feladom önmagam" eredménye lehet. Ez így nem helyes!

Nem kiszolgáltatottja, hanem irányítója vagyok saját életemnek. Ehhez őszinteség kell; tudni, mit szeretnék igazán, és ennek megvalósítására törekedni kompromisszumok, megalkuvás nélkül.

Ami számomra nem jó, nem kedvező, a másiknak sem az. Így lehetne megtisztítani önmagunkat és világunkat az esztelenségtől.

***

Miért könnyebb lemondani, megalkudni, önmagunkat feladni, holott az lenne a legfontosabb egész életünkben, hogy önmagunk legyünk?

A megszokás bilincsként fogja kezünk-lábunk, ha ragaszkodunk hozzá. Teljesen torz képet alakít ki önmagunkról, a világról. Azzal, hogy a változás és változtatás lehetőségét elutasítja, ezáltal annak lehetőségét is elutasítja, hogy saját helyzetén változtasson.

DÖNTÉSHOZATAL

Döntéseinket jó esetben alapos vizsgálódás, érvelések előzik meg. Az ego szerepe rendkívül jelentős a döntések meghozatalában. Ebben közrejátszik az, hogy az ego melyik eljárást tartja megnyugtatóbbnak és esetleg kényelmesebbnek, az ő szemszögéből megítélve azt. Általános jelenség, hogy döntéseinkben túlnyomórészt inkább választjuk a könnyebbik megoldást. Nem az ego „tudása" jelenti a magasabb szintről való rálátást döntési helyzeteinkre.

Ezért a mérleg nyelve meglehetősen egyoldalú állást mutat, ha engedjük, hogy döntéseinket elsősorban az ego – és annak félelmei – befolyásolja. Ezekben a helyzetekben is elsősorban a harmónia az, amely igazi segítség lehet számunkra. Ha félünk a döntéshozatal felelősségétől, annak kimenetelétől, mindez azt jelenti, az ego elsődleges döntéshozóként szerepel.

Fontos, hogy döntéseink meghozatalánál az érzéseinkre is figyeljünk. Ha a harmónia az, ami jellemző ránk, a helyzet megoldásában minden résztvevő (ego, lélek, tudatalatti) egymással összhangban, harmóniában a lehető legjobb döntést hozza életünkben.

Ez nem azt jelenti, hogy velünk már csak jó dolgok történhetnek, hanem azt, hogy azok az események, történések jönnek elénk – helyes döntésünk következtében –, amelyekre adott élethelyzetben tapasztalásunk érdekében szükségünk van.

Ez lehet „jó", és lehet „rossz" is. Mindenképpen tanulnunk kell belőle oly módon, hogy tudjuk, mi történt és történik velünk.

***

Döntéseink meghozatala előtt tegyük a következőt!
Leülünk, és alaposan átgondoljuk helyzetünket. FONTOS, hogy tisztázzuk önmagunkban, mit szeretnénk igazán, ez elűzi bizonyta-

*lanságunkat. Miután mindentől és mindenkitől függetlenül belsőnk-
ben egyfajta érzést kialakítottunk – annak alapján, amit szeretnénk –,
figyelnünk kell, hogy adott szituáció vagy helyzet keltette érzés azo-
nos-e vagy ellentétes a bennünk kialakult érzéssel. Ez segít dönteni.
Ezért fontos, hogy érzéseinkre hallgassunk, mert az észérvek alap-
ján – egónknak köszönhetően – nem biztos, hogy a legjobb döntést
hozzuk, mert nincs rálátása helyzetünkre. A kettő – az elme és a lé-
lek – egyetértése, együttműködése hoz igazi eredményt.*

VÁGY ÉS NAGYRAVÁGYÁS

A *vágy* nem más, mint a meglévő problémák, előttünk álló feladatok megoldására, orvoslására való odafigyelés. Ez mindig a szemünk előtt lévő feladatok megoldására koncentrálódik. A *nagyravágyás* saját szükségleten túli, sokszor felhalmozással együtt járó dúskálás a javakban. Amikor a vágy túlhalad azon a „határon", amely jelenlegi életem megváltoztatásához, jobbításához, feladataim beteljesítéséhez szükséges. Ha mindennapos kenyérgondjaim vannak, de az osztrák Alpokba vágyom kirándulni, nem a realitás talaján mozgok, képtelen vagyok a szükségesre koncentrálni.

A körforgásnak és az egyensúlynak meg kell lennie mindenben, így az adok-kapok viszonyban is. Törekedjünk arra, hogy tőlünk telhetően a legtöbbet, a legjobbat adjuk mindenkinek, akivel életünk során összetalálkozunk, ezért hogyha nekem is vannak kívánalmaim – kinek ne lenne? –, azok akadálytalanul áramolhassanak hozzám.

Fontos, hogy őszinte legyek vágyaimat illetően, mert eleplezése, felszínessége esetén csak összevisszaság, kuszaság alakul ki. Alapvetően a káosz, rendezetlenség valósul meg életem minden területén, ha vágyam tisztázatlan. Csak úgy tudunk változni, változtatni életünkön, illetve alakítani, formálni azt, ha tisztában vagyunk önmagunkkal, meg tudjuk fogalmazni céljainkat. Ehhez nélkülözhetetlen az őszinteség. Ennek eredményeképp a félelem is csökkenni fog bennünk, tisztán látjuk önmagunkat, a világhoz való viszonyainkat.

***

A vágy nem más, mint a meglévő problémák, előttünk álló feladatok megoldására, orvoslására való odafigyelés. Ez mindig a szemünk előtt lévő feladatok megoldására koncentrálódik.

A nagyravágyás saját szükségleten túli, sokszor felhalmozással együtt járó dúskálás a javakban. Amikor a vágy túlhalad azon a „határon", amely jelenlegi életem megváltoztatásához, jobbításához, feladataim beteljesítéséhez szükséges. Pl. ha mindennapos kenyérgondjaim vannak, de az osztrák Alpokba vágyom kirándulni, nem a realitás talaján mozgok, képtelen vagyok a szükségesre koncentrálni.

AZ ANYAGI JAVAK IRÁNTI VÁGY

Minden ember vágyik valamire. Van, aki bevallja, van, aki nem. Az álszemérmesség rendkívüli módon rombolhatja igazi énünket, elveszíthetjük tisztánlátásunkat. Mi az, amire őszintén vágyom? – Az erre a kérdésre adott őszinte válaszunk tudja a leginkább segíteni azt, hogy elégedettnek, boldognak tudjuk magunkat. Nem kényszerít senki, hogy szegénységi vagy bármi egyéb, lemondással járó fogadalmat tegyünk, ha az kimondottan ellenérzéssel tölt el bennünket. Nem ettől leszünk tiszták, hanem a felvállalt tiszta énünktől, annak vágyaival együtt.

Lehet vágyni házra, pénzre, ékszerekre, gazdagságra, anyagi jólétre, bőségre. De nem szabad irigykedni másra, vagy sajnálni attól, akinek már van. Vágyaink is lehetnek tiszták, őszinték. Fel kell vállalni vágyainkat ahhoz, hogy saját magunkat is felvállalhassuk. Saját magunk, illetve mások becsapása azzal, hogy letagadjuk vágyainkat, nagyobb kárt okoz a lelkünkben, életünkben, mint azt gondolnánk.

Az a fontos, hogy minden tekintetben tudatában legyünk saját magunknak, nem kendőzve, leplezve magunkban azt a részt, amelyet nem találunk helyénvalónak.

Ez a leplezés, álcázás arra ösztönöz bennünket, hogy hazudjunk saját magunknak és a világnak is. Ezzel elveszítjük hitelünket és hitünket saját magunkban. Ekkor könnyen hibáztatjuk a környezetünket, a körülményeket, mondván: az gátol, akadályoz céljaim elérésében. Pedig ilyenkor mi saját magunk vagyunk kerékkötői önmagunknak azáltal, hogy másnak akarjuk mutatni magunkat, mint amilyenek valójában vagyunk. De nem tudjuk az igazi énünket becsapni, és a külvilágot is csak egy ideig. Ez a magatartás szükségképp vezet az elbukáshoz. Nem lehet, és nincs is értelme becsapni önmagunkat. Ne szégyelljünk semmit abból, amik vagyunk. Ennek tudatában legyünk készek változtatni életünkön és vállaljuk fel őszintén önmagunkat.

Vannak, akik elsősorban anyagi javak megszerzésére, felhalmozásra törekszenek, mivel számukra ennek mennyisége határozza meg az élet minőségét. Vannak azonban olyanok is, akik számára mindez nem sokat jelent. Nekik fontosabb a belső béke, a harmónia megteremtése, a befelé fordulás, Isten keresése, meditációs élmények. Teljességre törekszenek, amiben a lélek a legfontosabb irányító és résztvevő. Ilyenkor a külvilág csillogása tompábbá válik, illetve el is tűnhet. Ki-ki találja meg élete során a neki megfelelő és kényelmes szemléletet, amely életét boldoggá teszi. Csak őszintének kell lennünk, az a legfontosabb. Így tudjuk elérni vágyainkat, megvalósítani céljainkat. Ez az előrelépésünk alapja.

***

Mi az, amire őszintén vágyom? – Az erre a kérdésre adott válaszunk tudja a leginkább segíteni azt, hogy elégedettnek, boldognak tudjuk magunkat. Nem kényszerít senki, hogy szegénységi vagy bármi egyéb, lemondással járó fogadalmat tegyünk, ha az kimondottan ellenérzéssel tölt el bennünket. Nem ettől leszünk tiszták, hanem a felvállalt tiszta énünktől, annak vágyaival együtt.

A KUDARC

A kudarc tanítómester: figyelmeztet, hogy a felvállalt útról ne térjünk le, segít a kint és bent világát összhangba hozni, újrateremteni a harmóniát. A válásom kudarc volt, de mégis ennek köszönhetem, hogy az lettem, aki: megtaláltam a párom, megszülethetett a kislányom, és egy teljesebb életet élhetek. Mindezeket csak utólag tudjuk ilyen módon átlátni. Ezért könnyebb a helyzetünk, ha a kudarcunkat segítségnek vesszük, odafigyelünk rá, próbáljuk megérteni, miért történt mindez velünk.

Minden bizonnyal a mi érdekünkben történnek velünk olyan életesemények, melyeket abban a pillanatban kudarcként élünk meg. Furcsán hangzik, de mindenki nyomon követheti ezeket élete folyamán. Nézzük meg, hogyan! Kinn és benn. Ki van kint, és ki van bent? Hogyan egész az egész?

Lényünk belső világa tükröződik külsőnkben. Megjelenésünk, viselkedésünk elárulja, ki lakozik bennünk. Melyik énünket hagytuk „felülkerekedni". A külső megjelenés nem is annyira, de viselkedésünk tagadhatatlanul „mi" vagyunk. A ruházat, a különböző viseletek nagyrészt nem egyéniek, hanem divatirányzatok által megszabott és előirányzott meghatározóink, melyek nem biztos, hogy minden esetben önmagunkat jelentik. Az öltözködésben sem keressük a saját, egyéni formát, inkább csatlakozunk egy adott divatirányzathoz.

A viselkedésünk is általában felvett, mesterkélt, ránk kényszerített, különböző elvárási rendszereken átrostált, általában „művi" megnyilatkozás. De mégis többet elárul rólunk, mint a külső megjelenés. Egy szép ruha eltakarhat, elfedhet, de ha beszélek és ha az élet bármely pillanatában feladatot oldok meg, az már inkább leszek „én". De ez az „én" is meglehetősen kendőzött, és lehet, hogy messze jár az igazságtól, amely mindenki belső énjében ott várakozik. Várakozik a felfedezésre, amelyet mindenki saját maga tehet meg, hogy megtalálja önmagában igazi énjét. A lélek a Minden, a Teremtés, az abban meglévő Isteni szeretet tudója.

Évek alatt, különböző meggondolásból, sajnos az emberek túlnyomó része elzárta magát belső világától azzal, hogy csak a külsőség, a „kinti" világ kötötte le a figyelmét. Elfeledkezett a belső világról, a szeretetről. Ma már nem is erről szól az életünk, és a gyermekeket sem szeretetre tanítják, hanem a versenyszellemet, a küzdést próbálják beléjük nevelni, több-kevesebb sikerrel. A gyerekek meghasonlanak ezen elvárásokkal szemben – hiszen bennük még tisztán él a belső világ, a szeretet érzése –, és bezárják azt a belső világra nyíló ablakot, amely a szeretetet jelenti mindenki számára.

Mindenki csodát vár, mindenki nagy változást vár abban a tekintetben, hogy élete megváltozzon, jobbá váljon. Ezért – mert azt hiszi, elérhetetlen mindez – inkább nem is keresi a megoldást helyzete javítására. Pedig csak annyit kellene tennie, hogy megkeresse magában azt az érzést, amely felemel, segít, gyógyít, szabaddá tesz: A SZERETETET.

Ahhoz, hogy megkeressük a szeretetet, mindössze arra van szükség, hogy őszinte és alapvető vágyunk legyen annak megtalálása és megélése.

Szeretnem kell önmagamat ahhoz, hogy másokat is tudjak szeretni. A szeretet az, amely a Teremtésben összeköt mindent mindennel. Ebben benne van a tudás: így például a gyógyítók, tanítók esetében intenzív szeretetenergia-impulzusok közlése, kapcsolatteremtés a segítőkkel, illetve a betegekkel egyaránt. Lényünk sugározza a szeretetet, lüktet, amely olyan erős pozitív energiát „rezegtet" a beteg felé, hogy leárnyékolt, feszült energiamezőjét emlékezteti az eredőre, az egészséges, laza, harmonikus, szeretetteljes állapotra, és ennek visszaállítását kezdi meg. Ez a gyógyulást hozza a beteg életében. De mindez nem történik meg, ha a beteg saját maga *hitével* nem nyílik meg és nem fordít *figyelmet* e jótékony, gyógyító, pozitív impulzusokra.

A hit és a szeretet két fontos, összetartozó érzés. Ezek segítenek bennünket, hogy mindennapjaink sivár, szürke világa megváltozzon, és helyébe a világosság, derű, pozitív szemlélet lépjen. Ezt adja a belső világra való odafigyelés lehetősége. A külső és belső világnak harmóniában kell együtt élnie egymással, ami a pozitív tendenciát jelenti életünkben.

Ezt az egyensúlyt, harmóniát odafigyeléssel tudom létrehozni, illetve fenntartani. Tudnom kell hozzá, hogy e két világ adja a teljesség érzését, és nem hagyhatom, hogy félrebillenjen az egyensúly.

Fontos a belső világra való odafigyelés, ami nem jelent mást, csak figyelmet arra, hogy valóban tudok-e szeretni, valóban szeretetet adok-e önmagamnak és másoknak.

Nemcsak hibáztatnom kell önmagam a történésekért, hanem meg kell keresnem a választ arra a kérdésre, miért történt ez velem, és nem szabad bántanom magam a történtek miatt, hanem késznek kell lennem a korrigálásra. Legyünk kritikusak és őszinték magunkkal szemben, de a legfontosabb, hogy tudjuk magunkat elfogadni olyannak, amilyenek vagyunk, és legyünk képesek szeretni önmagunkat és a világot is.

Az odafigyelés, koncentráció arra a tevékenységre, amit éppen végzünk, szintén rendkívül hasznos, mert ebben rejlik a siker. Jobban sikerül a főztünk, a munkánk, bármi, amit csinálunk, ha azt odafigyeléssel tesszük. Ebben a figyelemben szeretet van, és ez azt jelenti, szeretettel tesszük, amit teszünk. Ez meghálálja magát, mert siker koronázza ténykedésünket. A pillanat megélése nagyon fontos!

***

A kudarc tanítómester: figyelmeztet, hogy a felvállalt útról ne térjünk le, segít a kint és bent világát összhangba hozni, újrateremteni a harmóniát.

Nemcsak hibáztatnom kell önmagam a történésekért, hanem meg kell keresnem a választ arra a kérdésre, miért történt ez velem, és nem szabad bántanom magam a történtek miatt, hanem késznek kell lennem a korrigálásra. Legyünk kritikusak és őszinték magunkkal szemben, de a legfontosabb, hogy tudjuk magunkat elfogadni olyannak, amilyenek vagyunk, és legyünk képesek szeretni önmagunkat és a világot is.

HOGYAN MŰKÖDIK A NEGATÍV ENERGIA?

A negatív energia is lehet segítőnk utunkon. Ugyanis ha gondolataim félelmet tükröznek, olyan helyzeteket, személyeket vonzok be, akik, mint egy tükör, megmutatják önmagamnak, mi is az én „hibám". Mi félelmeim igazi oka? Ismerjük a mondást. Más szemében a szálkát, sajátunkban a gerendát sem látjuk meg. Hát ezért van lehetőségünk külső szemlélőként kellő figyelemmel rájönni, mi a mi igazi problémánk, amire megoldást kell találnunk mihamarabb.

Ha rendkívül fösvény vagyok, sajnálok minden fillért kiadni, mintha mind hiábavaló lenne, és nem találok benne örömet. Ahhoz, hogy ezt a negatív tulajdonságomat sikerüljön megváltoztatni, a „véletlen" pont egy olyan szituációt hoz számomra, amelyben fényesen láthatom – mint külső szemlélő –, mennyire rossz és visszataszító tulajdonság a fösvénység. Mást esetleg megszólok ezért, mivel nála sokkal szembetűnőbb, mint saját fösvénységem felismerése.

Az élet, illetve mi magunk vonzzuk be ezeket a helyzeteket, és a „véletlen" mindig segítségünkre van abban, hogy tükröt állítson elénk, és ha figyelmesek és őszinték vagyunk, meglátjuk önmagunkat és negatív vonásainkat is benne.

Ezen negatív tulajdonságok mindegyikének alapja a félelem. Meg tudunk akkor változni, ha tudjuk, mitől félünk, és azt is tudjuk, félelmünk alaptalan. A félelem megszűnése negatív tulajdonságaink, gondolataink megszűnését is jelenti. Ezért legyünk mindig figyelmesek, bármilyen helyzetben is vagyunk, mert ez elárulja, ki is vagyunk valójában.

Ha szeretetteljes, nyugodt környezetben élek, én magam is harmonikus leszek. Amennyiben ideges, feszült vagyok, tele konfliktushelyzetekkel, akkor alapos vizsgálatra van szükség önmagamat és félelmeimet illetően. Igyekezzünk félelmeinket és ezzel negatív beállítottságunkat észrevenni, felülvizsgálni, mert „teremtéseink" következményei beláthatatlan katasztrófához vezethetnek. Így teremt a „kis" ember „nagy" félelme kicsinységekből világra szóló galibát.

Gondoljuk hát át!

***

A negatív energia is segítőnkké válhat: olyan helyzetekbe kerülhetünk, amelyek tükröt tartanak számunkra, valódi énünket, viselkedésünket tárva fel önmagunk előtt. A negatív tulajdonságaink alapja a félelem. Akkor tudunk változni, ha be tudjuk azonosítani, mitől félünk, és azt is belátjuk, hogy félelmünk alaptalan. A félelem megszűnése negatív tulajdonságaink, gondolataink megszűnését is jelenti.

A VÁLTOZÁS

Mit? Miért? Mire? Ezekre a kérdésekre választ kell tudni adni annak, aki változást szeretne az életében. Ha az ego a változtatás folyamatában lemarad, nem halad a cél felé – félelme, illetve kényelme következtében –, nem beszélhetünk sikerről. Ezért fontos a harmónia. Az egység megteremtése a siker érdekében: a tudatalatti, a lélek, az ego együttműködése bizonyos cél eléréséért. Annak érdekében, hogy ne csak akarjunk valamit, hanem szívünk szerint őszintén kívánjuk is azt, amit célként, vágyként magunk elé tűztünk. Ezzel nyitunk a segítség felé, afelé, hogy velünk mindig az történjen, amire a leginkább szükségünk van tapasztalásunk, tanulásunk érdekében. Ezzel nem egy szűk utcát látunk magunk előtt, amit – egonk erős félelme következtében – akarnokságunk, ennek következtében görcsösségünk tesz egyre sivárabbá, örömtelenebbé. Ugyanis elveszítjük akaratunk következtében azt a nyitottságot, amely más utakra vinne, de ennek következtében sikeresebbé válna tervünk megvalósítása. Gyakorlatilag ez azt jelenti, hogy ha valamit célként magunk elé tűzünk, az a legfontosabb kérdés, hogy valóban őszintén szeretnénk-e azt? Amennyiben ezt nem így érezzük, át kell értékelni, és szívünk szerint elfogadhatóvá kell válnia az új célnak.

Ha úgy érezzük, valóban őszintén szeretnénk elérni célunkat – nem kompromisszumos és nem hamis célokra van szükség –, semmiképpen se határozzuk meg annak módját, hogy miképpen érjük el azt. Ez talán furcsán hangzik, de ha az egónknak adjuk át a cél eléréséhez vezető útra vonatkozó döntések meghozatalát, görcsösek és nehézkesek leszünk a haladásban (ha egyáltalán lehet ezt haladásnak nevezni).

A *Teljes beszélgetések Istennel* című könyvben[1] azt írja N. D. Walsch, hogy ha akarok vagy szeretnék valamit elérni, azzal az *akarást* magát, és nem a célomat indítom útnak.

Feltétlen az a jó és helyes, ha azt mondom, ezt és ezt a célt valósítom meg és nyitott vagyok minden megoldásra, amely lehetőséget kínál erre. Ehhez szükség van harmóniára és annak tudatosítására, hogy az akarom – vagyis az ego akarata – az ego helyzetmegítélésének szubjektivitása miatt nehezíti dolgunkat.

Az ego nem rendelkezik tapasztalatokkal (ez a tudatalatti dolga), és nem rendelkezik a Teremtés nagy egészének, összefüggésének tudásával, amit a lélek tud.

Ezek együttes és harmonikus működésére van szükség ahhoz, hogy sikeres legyen ittlétünk minden szempontból. Ez érvényes a jelen fizikai világ síkján való létezésünkre, a mindenkori fizikai boldogulásunkra, és ezzel összefüggésben a lélek útján való örökös tapasztalásra.

✳✳✳

A Beszélgetések Istennel című könyvben azt írja D. Walsch, hogy ha akarok vagy szeretnék valamit elérni, azzal az akarást magát és nem a cél megvalósítását indítom útnak.

Csakis akkor fogalmazunk helyesen, ha azt mondjuk: Ezt a kívánt célt valósítom meg, és nyitott vagyok minden megoldásra, amely lehetőséget kínál erre. Ehhez szükség van harmóniára és annak tudatosítására, hogy az akarom – vagyis az ego akarata – az ego helyzetmegítélésének szubjektivitása miatt nehezíti dolgunkat.

---

1 Neale Donald Walsch: A teljes beszélgetések Istennel Bp. Édesvíz Kiadó, 2008, 2013

GYAKORLAT AZ ÖNVIZSGÁLATHOZ

Önvizsgálatunk utáni negatív gondolatainkat egy képzeletbeli „batyuba" csomagoljuk, majd ezt gondoljuk vagy fennhangon kimondjuk: *„Határozottan kijelentem, hogy nekem ezekre a negativitásokra nincs szükségem, mert tudatában vagyok annak, hogy milyen károkat okoz, illetve vizsgálódásom alapján bizonyítottá vált, hogy milyen „károkat" okozott az életemben. Ezek helyett pozitív, szeretetteljes érzésre van szükségem."*

Összekötöm a batyumban – mindezt gondolatban –, és leteszem, mert tudom és érzem, hogy nekem ezekre nincs szükségem. Ezek időről időre való megismétlése azért szükséges, mert az ember, amíg csak él – a fizikai világban –, addig fél, hiszen addig vele van az ego, mely a félelmet képes életünkben megteremteni. És így nyílik lehetőség egyre többet és többet megtapasztalni. Ha valaki egy kátyúból nem képes – magát összeszedve – kilábalni, elnyújtja azt, és ezzel elzárja magától a további tapasztalatszerzés lehetőségét.

Sokkal könnyebb és egyszerűbb lesz az életünk, ha tudomásul vesszük, hogy egyetlen „törvényszerűség" létezik az életünkben, és ez a tapasztalatszerzés. Azért vagyunk itt, hogy megtapasztaljuk a jót és a rosszat a polaritás világában. Tudnunk kell, mi a jó és mi a rossz számunkra. Ehhez viszont ismernünk kell mindkettőt. Ezért ne gondoljuk, hogy életünk kudarcai ellenünkre vannak, és nekünk csak a szépet, a jót lenne szabad megélnünk életünk során, mert nekünk ez tetszene igazán. Ez hiú ábránd, önbecsapás.

Az embernek szüksége van mindkettőre a tudás, a tapasztalás megszerzése érdekében. Ezt tudnunk kell, és ezért a hozzáállásunk sokat segíthet abban, hogy életünket ne szenvedésnek, kudarcnak éljük meg. Helye van benne a jónak és a „rossznak" egyaránt.

A fontos az, és ez ittlétünk lényege, hogy mindig tisztában kell lenni önmagunkkal, helyzetünkkel, és tudnunk, mi a legfontosabb számunkra. Ennek érdekében tapasztalásokra van szükség, amelyet akkor élünk meg igazán, ha figyelmünkkel, szívünkkel azon vagyunk, hogy őszinték legyünk önmagunkkal és másokkal szemben, illetve a legfontosabb, hogy képesek legyünk szeretni.

Ha ezt meg tudjuk valósítani életünkben, nem fogunk nagy és nehéz problémákkal találkozni. Feladatokkal találkozunk, amelyek megoldására figyelmünk ráirányításával könnyen és gyorsan képesek lehetünk. Ha hiányzik belőlünk a hit, a szeretet, az önbecsülés, az őszinteség, kudarc és sikertelenség vesz körül. Ne csak a külső lebegjenek előttünk, amely az anyagi javakat jelenti, hanem legyen fontos emellett a belső célok megvalósítása, amely csak önmagunkra vonatkozik.

Mégpedig: SZERETET
HIT
ÖNBECSÜLÉS
ŐSZINTESÉG

Miért kell becsülnöm önmagam? Hogy átlássak helyzeteket, megértsem azokat. Megértsem benne saját valómat és az abban lévő feladatomat. Mert nem biztos, hogy a vágyaim és a magammal hozott feladat megegyeznek. A legtöbb esetben ez nem így van. Fontos, hogy az ember ismerje feladatát és úgy tegye azt, hogy megegyezzen a vágyaival is. Összehangoltságuk lehetővé teszi a helyes irány megtalálását, és így a helyes úton való haladást is.

Miért nem érezzük rögtön a „helyes" utat, a megoldást? Kitalálunk egy lehetséges megoldást jelen helyzetünk javítására, és itt követjük el a hibát. Nem a helyzetünk – körülményeink – megváltozása kell, hogy az első legyen, hanem önmagunk megváltoztatása. Ha önmagamat sikerül pozitív irányban megváltoztatnom, a helyzetem is javulni fog. De szükség van a nyitottságra, miszerint történjen velem a legjobb, ami történhet, aminek érdekében kész vagyok mindent megtenni önmagam megváltoztatásával.

Ezért van, hogy az álmok nem igazán valósulnak meg. Vagy egyáltalán nem, vagy nem a hozzá fűzött reményekkel. Ennek oka a ragaszkodásunk egy bizonyos kép megvalósulásához, amihez mi általában „csak" a drukkal teli várakozásunkat tesszük. Ez sajnos nem hoz igazi eredményt. Sokkal több hittel, elszántsággal és őszinteséggel kell vizsgálnunk önmagunkat, a vágyainkat.

A vágyunk akkor teljesülhet igazán, ha nem karba tett kézzel, netalán lemondással szemléljük – meglehetős távolságból – elérni kívánt céljainkat. Ha tudjuk, mit szeretnénk igazán, őszintén, azt is tudni fogjuk, hogyan valósítsuk azt meg. Erős hittel, kitartással, őszinteséggel kell bízni az elérendő cél helyességében, abban, hogy számunkra kedvező hatással lesz. Ugyanakkor fontos annak felvállalása, hogy ennek eléréséért kész vagyok tenni önmagamért. Azzal, hogy önmagamért teszek, a célért is teszek. Így tudok részt venni a megvalósítás folyamatában, amely a vágy megvalósulásáról szól. Mivel mindent önmagamon keresztül kell szemlélnem, hogy megtaláljam az igazi feladatomat, fontos mindig, minden körülmények között önmagamra figyelni és korrigálni esetleges hiányosságaimat, elkövetett hibáimat annak érdekében, hogy jobbá, őszintébbé válhassak.

A változtatás folyamatában fontosak a következők:

1. A lépcsőzetesség betartása. A rá való figyelés.
2. A hit megerősítése önmagunkban, önmagunkra vetítve. Ennek kialakulása elősegíti, hogy másokban is megbízzunk.
3. Ezen az úton csak összetartva, egymást erősítve vagyunk képesek előrehaladni a cél megvalósítása felé.
4. Nincs hiba, csak tapasztalási lehetőség, bármilyen helyzetbe is kerülünk. Nincs fontos és kevésbé fontos ember köztünk, mindenki egyformán fontos és értékes.
5. Soha nem szabad feladni! Soha nem szabad azt mondani, hogy ezt nem tudom megcsinálni.
6. Mindennek belülről kell jönnie, a szívünkből. Belső indíttatásúnak kell lennie, és nem szabad megalkudni, nem szabad hagyni, hogy a körülmények befolyással legyenek ránk.

7. Hinni kell a „láthatatlan" erőben ahhoz, hogy elengedjük a látható, kézzel fogható biztonságot.

***

Önvizsgálatunk utáni negatív gondolatainkat egy képzeletbeli „batyu-ba" csomagoljuk, majd ezt gondoljuk vagy fennhangon kimondjuk: „Határozottan kijelentem, hogy nekem ezekre a negativitásokra nincs szükségem, mert tudatában vagyok annak, hogy milyen káro-kat okoznak, illetve vizsgálódásom alapján bizonyítottá vált, hogy milyen „károkat" okoztak az életemben. Ezek helyett pozitív, szere-tetteljes érzésre van szükségem."

Azzal, hogy önmagamért teszek, a célért is teszek. Így tudok részt ven-ni a megvalósítás folyamatában, amely a vágy megvalósulásáról szól.

AZ ÖNBECSÜLÉS

Ha az alábbi négy értéket tartjuk fontosnak: szeretet, hit, önbecsülés, őszinteség, ez lehetővé teszi negatív tulajdonságaink (amelyekről konkrétan tudomásunk van, számba vettük őket) kizárását, és idővel az ezektől való megszabadulást.

De ha bármelyik a négy közül csorbát szenved fontosságát illetően életünkben, akkor újra előtérbe kerülnek negatív tulajdonságaink.

A hit vagy önbecsülés hiánya eredményezheti félelmünket például a megélhetésünkkel, a jövőnkkel kapcsolatban. Nem bízunk sem önmagunkban, sem másban. Elégedetlenek, türelmetlenek, idegesek lehetünk ennek következtében. Ennek leplezésére sok mindent kitalálunk, illetve meg is teszünk, de eredménnyel egyik sem jár. A leplezés nem hoz igazi megoldást, csak annak megváltoztatása. Arra a kérdésre kell választ keresnünk, hogy miért nem becsülöm önmagam. Miért vagyok elégedetlen önmagammal? Ne az legyen a válasz, hogy a környezetemből nem kapok megfelelő támogatást, elismerést, hogy becsülhessem önmagam. Ez teljesen független másoktól, azért csak én tehetek, hogy mennyire becsülöm önmagam.

Fontos tényező az önbecsülés a változás folyamatában, fontos hinnem önmagamról, hogy igenis képes vagyok tenni önmagamért, azért, hogy életem, helyzetem jobbá váljon.

Az önbecsülés hiánya elsősorban a hit hiányát mutatja. Nem lehet ezeket az alapvető „építőkockákat" egymástól elválasztani, külön kezelni. Ahogy minden mindennel összefügg – csak fizikai világunkban érzékelésünk hiányosságai miatt nem így éljük meg –, ezek is alapvetően összetartoznak. Így együtt fontosak számunkra. Ezekre a fundamentumokra építhetjük életünket, hogy szilárd, megbízható, kiegyensúlyozott, harmonikus legyen. Az őszinte felismerés hiányosságainkat illetően lehetővé teszi, hogy a fontos és alapvető tulajdonságokat erősítsük önmagunkban. Ez az erősítés azt jelenti, hogy őszintén, szívünk szerint valóban fontosnak tartjuk ezeket a tulajdonságokat. De ha életünkben a szeretetet, a hitet, az önbecsülést, az őszinteséget megelőzi az anyagi javak nyújtotta biztonság fontossága, addig nem tudjuk a változást eredményesen véghez vinni. Meggyőződésüknek kell lennie e négy tulajdonság mindent meghatározó szerepének azért, hogy tudjunk tenni is ennek megvalósításáért önmagunkban. Ahhoz, hogy valóban tudjunk figyelni miden pillanatra, fontos, hogy ez a négy elem a helyén legyen. Így figyelmünk sem kalandozik más irányba.

***

Fontos tényező az önbecsülés a változás folyamatában, fontos hinnem önmagamról, hogy igenis képes vagyok tenni önmagamért, azért, hogy életem, helyzetem jobbá váljon.

De ha életünkben a szeretetet, a hitet, az önbecsülést, az őszinteséget megelőzi az anyagi javak nyújtotta biztonság fontossága, addig nem tudjuk a változást eredményesen véghez vinni.

Az önbecsülés hiánya elsősorban a hit hiányát mutatja.

ÖNMEGISMERÉS ÉS ÖNSZERETET

A tanulás nem megfelelő kifejezés ahhoz a folyamathoz meghatározásként, amelyben megismerhetjük önmagunkat. Nem egyéb ez, mint önismeretfejlesztés, illetve annak elsajátítása bizonyos szinten.

Akkor tudunk igazán szeretni, ha önmagunkat is szeretjük, és akkor tudjuk igazán szeretni önmagunkat, ha elfogadjuk magunkat. Az elfogadáshoz pedig önismeret szükséges. Fel kell tennem a következő kérdéseket magamnak ahhoz, hogy elinduljak ezen az úton: Ki is vagyok valójában? Mit szeretnék az életben önmagamtól, másoktól, az élettől?

Sokat hallottuk már ezeket a kérdéseket, hiszen valamennyi önismeretre serkentő mű alapvető kérdésfelvetése önmagunk felé, vajon ki vagyok én.

Elcsépeltnek tűnik, legyintenek az emberek, és szívesen elnéznek e kérdés felett, elsősorban őszintétlenségük, félelmeik következtében. Gyakran fél az ember attól, hogy talán nem is olyan valójában, mint az a kép, amelyet gondol magáról.

Szeretünk jónak, pozitívnak látszani, még ha másként is érzünk személyekkel, dolgokkal, önmagunkkal kapcsolatban. És közben általában nagyon sajnáljuk magunkat azok miatt a „terhek" miatt, melyeket magunkon cipelünk. Ha ragaszkodunk hozzá és nem látjuk be, hogy számunkra mindez nem szükséges, akkor cipeljük tovább. Ha tudjuk, hogy nincs szükségünk felesleges és mondvacsinált problémákra, azt is tudjuk, hogy a változás és választás joga és lehetősége a miénk. Ehhez szükség van őszinteségre, tudatosságra, határozottságra, a változtatni tudás képességére. Ahhoz, hogy mindezeket bírjuk és használjuk, mindenképpen őszintén felelnünk kell a feltett kérdésekre. Be kell ismernünk, hogy vannak hiányosságaink, sőt, hibáink is, amelyeket azonban szívesen korrigálnánk azért, hogy még tisztább, őszintébb szeretet legyen a szívünkben. Egyszerűen azért, hogy képesek legyünk szeretni. Elfogadni, szeretni másokat olyannak, amilyenek. Nem tudhatjuk, ki miért vállalt fel tőlünk eltérő, esetleg „vadnak" tűnő tulajdonságokat, életet. Neki is tapasztalnia kell éppúgy, mint nekünk. Tartsuk tiszteletben a választását, hogy ő is tiszteletben tartson bennünket, a választásunkat.

Annyira azonban mégsem térünk el egymástól, hiszen mint mindennek, és ezen belül nekünk a szeretet a gyökerünk, ez az, amely mindent összeköt.

Ezért fontos, hogy mindenki megtalálja önmagában az eredendően létező érzést, a szeretetet, amely öröktől fogva velünk van, és lesz a Teremtés végtelenjében. Akkor kerültünk messze eredendőnktől, amikor csak a jelen, anyagi világra helyeztük a fókuszt. Megfeledkezve arról, ami valóban elvisz bennünket egymáshoz, barátságokhoz, belső békénkhez.

Elfeledkeztünk a szeretetről. Távol kerültek egymástól az emberek, megkülönböztetéseket használnak egymással szemben, pedig az életnek nem versenyfutásnak, megmérettetésnek, harcnak, küszködésnek kellene lennie, hanem egyszerűnek, átláthatónak, kiegyensúlyozottnak, harmonikusnak. Vajon miért könnyebb sínylődni és szenvedni?

Kényelemből. Mert nem vagyunk képesek változtatni önmagunkon, mert nehéznek ítéljük meg a változást. Azzal, hogy magunkon kívülre helyezzük a probléma forrását és megoldását egyaránt, ahelyett, hogy magunkban keresnénk a választ a kérdésekre, beleragadunk a változatlanságba.

Ha nem sikerül pl. egy bizonyos munkahely megszerzése, keressük a választ önmagunkban, és mindig csak önmagunkban. Ha valóban kíváncsiak és kellőképpen nyitottak vagyunk, őszinte választ fogunk kapni önmagunktól. Pl. nagyon féltünk, amikor a munkahelyet kerestük. Miért féltünk? Mert nincs elég önbizalmunk? Miért nincs? Mert nem hiszünk önmagunkban eléggé, mert nem szeretjük önmagunkat eléggé. Ugyanez érvényes a fizikai testünk változásaival kapcsolatos gondolatainkra is: félünk az öregedéstől, az elmúlástól, a ráncainktól, a súlyfelslegtől. Nehezen tudjuk elfogadni a testünk változásait.

Az elvárásaink örökös elégedetlenséget eredményeznek önmagunkkal és a külvilággal szemben egyaránt. Ebből kell kilépni, ha az ember változtatni kíván. Milyen elvárásokat állítok önmagam és mások elé? Valóban szükségem van ezekre? Valóban ezeknek a kívülről érkező, önmagamra vetített hatásoknak kell megfelelnem? Valóban önmagam vagyok?

Szeretjük felruházni magunkat mindenféle pozitív tulajdonságokkal. Pl. jók, tisztességesek, becsületesek, szeretetteljesek vagyunk. Szinte mindenki megsértődne, ha azt mondanám neki, hogy sajnos ez így nem igaz. Sajnos nem tudunk igazán szeretni, és nem tudunk igazán jók és tisztességesek lenni. Mert ha igazán őszintén vizsgáljuk magunkat, nem ez igazi célkitűzésünk. Inkább a pénzszerzés – majdhogynem gátlástalanul –, kevéske hazugsággal fűszerezve, csak azért, nehogy lemaradjunk e „nemes" versenyfutásban. És közben még ítélkezünk és véleményezünk másokat, akik szinte ugyanazt teszik, mint mi, csak lehet, hogy erőszakosabban, látványosabban. Csak a fokozatban van különbség, a cél szinte mindenkinél ugyanaz. Az anyagi boldogulás. Elsődleges szempont lett az anyagi javak megszerzése. Aki viszont szeretne elvárások nélkül, szeretetben élni, sohasem az érvényesülés, a pénz imádata lesz nála a fő szempont. Ez nem jelenti azt, hogyha valakinek első és legfontosabb célja a szeretet, hogy az szegény is. Az anyagi javak megszerzése nála is szempont, de nem az elsődleges.

Mit tegyek tehát, hogy megtaláljam a szeretetet?

Először megteremtem önmagamban a harmóniát. Ezután megkezdem felszínre hozni negatív tulajdonságaimat, és megpróbálom levetkőzni őket. Ezt úgy teszem, hogy alapos önvizsgálat eredményeként felszínre került negatív tulajdonságomról (irigység, beképzeltség stb.) tudatosan kijelentem, hogy nekem erre nincs szükségem. Hátráltat abban, hogy igaz, őszinte, szeretetteljes ember legyek.

Miután „levetettem" azzal, hogy kijelentettem és őszintén úgy gondolom, hogy nincs rá szükségem, hátat fordítottam ezeknek a negatív tulajdonságoknak. Ezt követően azt kérem, hogy sikerüljön megtalálnom önmagamban az eredendő örök forrást, amely örökké velünk van, és amely kiapadhatatlan. A SZERETET.

Tehát első lépés: önvizsgálat
Második lépés: negatív tulajdonságok felismerése
Harmadik lépés: negatív tulajdonságok levetkőzése
Negyedik lépés: a szeretet megtalálása

A belső pozitív változás külső pozitív változást is eredményez. Nem tudhatjuk, honnan, mikor érkezik a segítség, de sokkal eredményesebbek leszünk az élet minden területén, ha elsődleges célunk a SZERETET megteremtése és megélése lesz életünkben.

***

Akkor tudunk igazán szeretni, ha önmagunkat is szeretjük, és akkor tudjuk igazán szeretni önmagunkat, ha elfogadjuk magunkat. Az elfogadáshoz pedig önismeret szükséges. Fel kell tennem a következő kérdéseket magamnak ahhoz, hogy elinduljak ezen az úton: Ki is vagyok valójában? Mit szeretnék az életben önmagamtól, másoktól, az élettől? – Ez az önvizsgálat szakasza. Ezt követi az őszinte szembenézés a negatív tulajdonságaimmal, és azzal, hogy nincs szükségem rájuk, ezek nem részei az énemnek.

Ezt követi önmagam elfogadása, az önszeretet szintjére lépés.

Minden belső változás külsőt is eredményez: elkerülhetetlen a pozitív változás az életemben.

TÖKÉLETESSÉG ÉS JÓSÁG

Hogy mi a jó és mi a rossz önmagunkban, az életünkben, egyéni és szubjektív. Nem lehet általános érvényű igazságokat, jó és rossz meghatározásokat szabni, illetve azokat követni. A jó meghatározása sokak szerint mindaz, amit hitrendszerünk, világnézetünk, személyes érdekeink, egyszóval elvárásaink igazolnak. Valamiféle nyerő helyzet, ami saját magunk „nagyszerűségét" igazolja.

A rossz ezzel szemben olyan helyzet kialakulása, ami az elvárási rendszeremnek nemcsak hogy nem felel meg (ez csak kellemetlen), de azzal merőben ellentétes álláspontot képvisel. Minden helyzetet ilyennek élünk meg, ami kényelmetlenül érint, mert az önmagamról alkotott képet beárnyékolja.

Ennek alapján ítélek meg embereket, helyzeteket jónak vagy rossznak: az elvárási rendszeremmel hasonlítom össze és hozok ennek alapján értékítéletet. Gyakran ítélkezünk: az valóban igaz, hogy saját magunk bírái vagyunk, de ez közel sem igaz másokkal szemben. Ugyanis más is lehet önmaga bírája. Legyen az az ő dolga, hogy mit hogyan ítél meg önmagával, az életével, környezetével, kapcsolataival szemben.

Törekedjünk objektivitásra önmagunkkal szemben: a viszonyítási rendszerünk lehetővé teszi a választást és tapasztalást. Lehetőséget ad arra, hogy jól döntsünk, illetve helyes szemszögből figyeljük változó világunkat és benne önmagunkat.

A magunkról alkotott képet folyton változtatjuk, mert mások ítéleteihez, elvárásaihoz, (ál)igazságaihoz alkalmazkodunk, annak ellenére is, hogy nehezünkre esik. A belső késztetés, a belső énünk (a lélek) érezteti velünk ennek helytelenségét, de elhessegetjük az érzést, mert érvényesülni szeretnénk. A kifogások, félelmek erősebbek, és így elfogadjuk ezt a kényszerhelyzetet, amit egy idő múlva meg is érzünk, hiszen testünk, lelkünk jelzi, hogy valami nagyon nincs rendben. Mindenkinek szüksége van visszaigazolásra, hiszen tudjuk, a környezet tükör számunkra.

Az, hogy mennyire vagyok fontos magamnak és másoknak, abból derül ki, hogy a kép, amit kivetítek magamról, mennyire illeszkedik, mennyire válik eggyé a környezetemmel, a világgal. Akkor vagyok értékes, ha őszinte vagyok magamhoz, külső befolyásoltság nélkül tudom és ismerem önmagam, nem vetítem ki problémáimat másokra, nem okolom érte a körülményeimet. Elfogadom magam olyannak, amilyen valójában vagyok, így elfogadok másokat és engem is elfogad a környezet. Kölcsönhatás működik mindenben. A polaritáson és viszonyításon alapuló világunkban is. Ha jól érzem magam a bőrömben, jóban vagyok magammal, jóban leszek másokkal anélkül, hogy megalkuvóvá válnék, és így jónak élem meg mindennapjaimat és a körülöttem lévő világot is. Ez a szemlélet nem azt jelenti, hogy a problémákat nem veszem észre vagy nem is akarom észrevenni – ellenkezőleg. Félelem nélkül visszaáll az egyensúly, a harmónia életünkben és világunkban. Mindenképpen ezt kellene tükröznie törekvéseinknek azzal, hogy megpróbálunk jobbá válni.

Ha kételkedünk saját magunkban, akkor nem bízunk önmagunkban, és azt sem tudjuk helyesen megítélni, hogy mi az, ami számunkra jó vagy rossz. Erős félelem esetén kiszolgáltatott helyzetben döntésképtelenné válunk. Csak a „rosszat" érzékeljük, vagyis minden negatívvá válik körülöttünk, még az is, ami korábban jó volt. Pedig csak mi változtunk. A gondolataink. Mi magunk vagyunk azok, akik félelmeink miatt kizárjuk életünkből a jót, az igazi értékeket. Ha valaki tele van szeretettel, nem fél: ezzel a szemlélettel magához vonzza a jót. Jónak és értékesnek fogja magát tartani, az életét és a világot is. Érték van a kezünkben: az életünk. Mi magunk vagyunk, akik eldönthetjük, hogyan szeretnénk élni. Legyünk őszinték és mindig égjen tiszta vágy bennünk a jóra, a szeretetre. Csak ez vihet bennünket előre. A jót, amit az élet tartogat, csak akkor ismerjük fel, ha megvan a vágy bennünk arra, hogy jót tegyünk és jól éljük az életünket. A fogaskerék részei vagyunk, ami felelőssé tesz bennünket, hogy annak tökéletes működéséből mi is kivegyük részünket. Ha elbújunk, a problémák felhalmozódnak és gátat vetnek az egyensúlynak.

A folyamat a következő:

- önvizsgálat (őszinteség)
- bizalom önmagam iránt
- önmagam elfogadása
- a félelmek felismerése, elengedése, oldása
- tolerancia erősödése
- elvárások csökkenése
- egymás elfogadása, segítése,
- önazonosság, kiteljesedés

***

Akkor vagyok értékes, ha őszinte vagyok magamhoz, külső befolyásoltság nélkül tudom és ismerem önmagam, nem vetítem ki problémáimat másokra, nem okolom érte a körülményeimet. Elfogadom magam olyannak, amilyen valójában vagyok, így elfogadok másokat, és engem is elfogad a környezetem. Kölcsönhatás működik mindenben. Mi magunk vagyunk azok, akik félelmeink miatt kizárjuk életünkből a jót, az igazi értékeket. Ha valaki tele van szeretettel, nem fél: ezzel a szemlélettel magához vonzza a jót. Jónak és értékesnek fogja magát tartani, az életét és a világot is. Érték van a kezünkben: az életünk.

LÉGY ÖNMAGAD!

Mit takar ez a felszólítás? Hét és fél éves kislányom karácsonyi ajándéka volt nekünk egy levél, amelyben a szeretet fontosságát írta, és azt, hogy *légy önmagad*. Vajon mit tud ez a kisgyermek, amit mi felnőttek még nem tudunk? Őszintének lenni. Ezzel van a legtöbb gondunk nekünk, felnőtteknek. A gyermeki tisztaság, őszinteség vajon mikor, mi módon alakul át, vész el teljes egészében, mire felnövünk? Lehet ezért hibáztatni bárkit is? Lehetne, de nem érünk vele célt. A neveltetés, családi légkör nagyon erős befolyással bír a gyermekre.

Úgy gondoljuk, hogy az életre készítjük fel a gyermekünket, ha keménynek, harcosnak neveljük annak ellenére, hogy mindez nagyon távol áll a gyermektől. Így lehetséges, hogy ezzel a kierőszakolt viselkedési formával a gyermek igaz, meleg őszinte lényét elnyomjuk. Ezért a gyermek fokozatosan és folyamatosan elveszti hitét a felnőttekben, bezárkózik, és értetlenül szemléli a körülötte zajló világot, hogy mit is kívánnak tőle igazán. Meghasonul azzal a korábbi érzésével, gondolatvilágával, hogy az emberek jók, tiszták, őszinték. Hamarosan azt érzékeli, hogy hamis minden, ami fontos számára, és ez az a pillanat, amikor a ráeszmélés egy „hazug" világra eredményeként a gyermek kénytelen-kelletlen megpróbálja beilleszteni személyiségét e zavaros világba úgy, hogy a lehető legkevesebb szenvedést okozza ezzel önmagának.

Fontos a szülőnek való megfelelés? Biztosan. Én mégis azt mondom, önző az a szülő, aki elvárásokat támaszt gyermekével szemben ahelyett, hogy egyszerű, tiszta szeretettel fogadná el őt, segítené abban gyermekét, ami hozzá a legközelebb áll. Ha például visszahúzódó, félszeg a gyermekünk, nem feltétlenül arra kell inspirálnunk, hogy másokkal küzdjön, harcoljon. Ezzel csak még görcsösebbé válik, mert megpróbál a vele szemben támasztott esetleges szülői, tanári (nevelői) elvárásoknak megfelelni. Ez a félszeg, zárkózott gyermek is meg fog nyílni, ha szeretettel, türelemmel fordulunk felé. Ha a segíteni akarást érzékeli tőlünk, felnőttektől, hamarosan megnyílik.

Minden szülő megpróbálja egy olyan kép alapján nevelni, formálni gyermekét, amely az ő szubjektív megítélése alapján a legjobb a gyermeknek. Igaz, hogy sem a gyermek, sem a szülő alapjában véve nem ilyen, de egy vágyott kép (amit soha nem tudott megvalósítani, elérni önmaga a szülő) próbálja a gyermeket átalakítani, formálni. De csak elméletileg, mert példát mutatni sajnos nagyon kevesen tudnak. Akkor pedig mit is szeretnénk? Egy álomképet álomgyermekkel, akit merev elvárások alapján megpróbálunk alakítgatni.

Hogyan kellene viselkednünk, tennünk ezért a gyermekért, önmagunkért, hogy megtartsuk az egyéniségét gyermekünknek is, és mi magunk is önmagunk tudjunk maradni?

Ha rámosolyogsz valakire, akár egy ismeretlenre is, óhatatlanul visszamosolyog rád. Ezt kellene alkalmaznunk a gyermek nevelésénél is. Szeressük őt úgy, hogy hagyjuk fejlődni, érni egyéniségét, és főleg legyünk partnerei. Legyünk partnerei abban, hogy bármikor, bármiről őszintén beszélhet. Mi is tiszteletben tartjuk az ő mondanivalóját, véleményét, és ennek jeleként őszintén válaszolunk kérdéseire.

Legyünk nyitottak vele szemben és soha ne romboljuk le az illúzióját azzal, hogy hazugságon kap bennünket. A félelem az, ami hazugságainkat motiválja. Vannak kisebb és nagyobb hazugságok. Én csak picit hazudok, „az még nem bűn", szoktunk mentegetőzni. Valóban a nyomaték nem ugyanaz, de a hazugság utcájába tévedni azt jelenti, hogy a szeretet utcájáról letértem. Ugyanis a „szeretetből hazudtam" védekezés nem igaz. Ha szeretünk, sohasem hazudunk, ha pedig igen, akkor félünk. Félünk bevallani az igazat, és ez azt jelenti, nem bízunk sem magunkban, sem a másikban.

Vizsgáljuk meg magunkat majd egy olyan helyzetben, amikor latolgatjuk, mit is kellene mondani vagy tenni. Ha némi kis hazugsághoz kívánnánk folyamodni, kérdezzünk rá magunkban, vajon mitől félünk. Miért akarunk hazudni? Érdemes megállni egy pillanatra, és ezt a félelmet megvizsgálni. Nincs értelme a hazugságnak, csak kárt okozok vele magamnak és a kapcsolataimnak is. A hazugság soha nem ér célba, csak új, kezelhetetlen utakat jár be.

Ahhoz tehát, hogy önmagunk legyünk, őszintének kell lennünk elsősorban magunkkal szemben.

1. Nem kell olyan képeket magunkról kivetíteni, amiről tudjuk, hogy azok igazán nem mi vagyunk.
2. Ne tegyünk érzéseink ellenére. Az érzésünk az, ami soha nem csal meg bennünket és mindig számíthatunk rá.
3. Lehet, sőt biztos, hogy nem vagyunk tökéletesek, ezt be kell tudnunk vallani és kifelé sem kell erőltetni a „tökéletes" ÉN benyomását.
4. Ha mindenkinek szeretnénk megfelelni és ezért összeollózunk egy halom jó tulajdonságot, hogy mint újságpapír-ruha fedje testünket, félő, hogy egy alapos vihar szétrombolja azt.

Azért is károsak ezek a felvett viselkedési módok, mert egy idő után már nem tudjuk, kik is vagyunk valójában. Elveszítjük önmagunkat.

Szeressük, fogadjuk el magunkat olyannak, amilyenek vagyunk, ekkor és csak ekkor vagyunk egyben arra is képesek, hogy ne akarjunk megfelelni másoknak. Hiszen szeretünk, és ennél többet nem adhat egy ember a másiknak. Nem lehetek jó mindenkinek, és nekem sem kell, hogy mindenki megfeleljen. De fontos, hogy jól érezzem magam a bőrömben, és becsüljem magamban és másokban is az őszinteséget, a tiszteletet, ami lehetővé teszi az érthetőbb és tisztább kommunikációt, az egyszerűbb együtt- és egymás mellett élést.

Hol, mikor veszítjük el magunkat? Mit tegyünk, hogy saját erőnkből jobbítani tudjunk helyzetünkön, hogy megtaláljuk saját magunkat?

Az emberek feladata abban rejlik, hogy megtapasztalják a lélek által történő kommunikációt.

Szavak nélkül lehetne gyógyítani, kommunikálni. A teljesség megtapasztalása a célunk. Ennek érdekében fizikai létünkben olyan tapasztalatokhoz jutunk, amelyek apró szeletekként az Egész megismerését segítik. A teljes, önmagába visszaforduló szeretet megismerését. Azt kellene érezni mindennapjainkban, hogy ez az igaz szeretet áramlik belőlünk a világ felé, és ugyanezt a kívülről érkező szeretetet érezzük magunkba visszaáramlani. De ha a folyamat valahol megakad, nem éri el célját, újra és újra próbálkozni kell, hogy ezt az állapotot megteremtsük, megtartsuk magunkban.

Fizikai világunk jelen pillanatban nem ezen az elven nyugszik. A mi feladatunk önmagunk felvállalása, hogy ezt az alapot, amit az anyagiasság sűrű szövevénye fed, annak minden kihatásával együtt (anyagi javak gyarapítására való fókuszálás, bűnözés, betegségek, kábítószer-, gyógyszer-, alkoholfogyasztás, függőségek növekedése) megváltoztassuk.

Mindenkit ért már valamilyen sérelem, amit nagyon megsínylett, elsősorban lelkileg. Nem szabad engednünk, hogy ez a folyamat maga alá temessen bennünket, hisz' a gyermekeink, unokáink jövőjéről is szó van. Ne adjunk táptalajt az érzelemmentességnek. Az emberekben csöppet sem csökken az érzés, legfeljebb visszafojtják. Egyre inkább szeretetre, odafigyelésre szomjaznak az emberek.

Egyre nagyobb színésszé válunk, és lassan arról is szól az életünk, hogyan leplezzük érzelmeinket, hogy „kemények", „magabiztosak" legyünk – legalábbis látszatra – az életben. *Mert a világ egyre keményebb* – hangzik a „harcos" szájából ez a meggyőző érv. Csak az a baj, hogy tőlünk, általunk, velünk vált keményebbé. A hazugságainktól.

Ne féljünk az érzéseinktől. Ezek tiszták, őszinték, adjunk belőle másoknak is. A lényeg, hogy kölcsönös legyen. Ettől változik majd meg a világ. Ha fel mertük vállalni a „harcos, kemény" önmagunkat attól függetlenül, hogy éreztük, ezt bizony nem ránk szabták, merjük azt is megtenni, hogy saját magunk legyünk. Semmiféle kockázattal nem jár, legfeljebb eleinte ránk csodálkoznak, de ezzel lehetőséget és segítséget nyújtunk másoknak is abban, hogy merjék felvállalni saját magukat.

Bennünk van a Teljesség iránti vágy. Ha nem tudjuk az ide vezető utat megtalálni, akkor leszünk boldogtalanok és betegek. A teljesség pedig a szeretetben lakozik. Ha több szeretetet, odafigyelést tudunk másoknak nyújtani, mi is többet kapunk figyelmükből, szeretetükből. Ez már egy óriási fejlődés, előrelépés lehet.

A vágy megteremti annak lehetőségét – mivel szeretetorientált lesz –, hogy jobban észrevegyük a mellettünk élő és velünk szembejövő pozitív dolgokat, amelyek mellett korábban elmentünk vagy elmentünk volna. Tegyük meg ezt az apró lépést annak érdekében, hogy több szeretetet „teremtsünk" a saját világunkban, ezáltal másokéban is: ezt lehetne igazi teremtésnek nevezni.

A szeretet megváltoztatja az egyéneket, egymáshoz fűződő közeli és távoli kapcsolataikat. Ez az egyetlen értelme ittlétünknek, létezésünknek. Ezt belátni nem minden esetben könnyű, különösen az anyagi tényezők, érzelmi befolyás erős hatása miatt. De az biztos, hogy a szeretet anyagi jólétet, biztonságot, harmóniát, egészséget biztosít.

Bízzunk abban, hogy képesek vagyunk bármire; bízzunk abban, hogy nem vagyunk magunkra hagyva. Annyian tapasztaltuk már, hogy amikor már azt hittük, végképp nincs kiút, vége, akkor érkezett „valahonnan" a segítség és a megoldás megszületett. Ezt a segítséget mindig igénybe vehetjük. Hinnünk kell létezésében és abban, hogy nem csapnak be az emberek, mivel mi sem csapunk be senkit. Nem hazudnak nekünk, hiszen mi sem hazudunk senkinek. Nem tesznek rosszat nekünk, mert mi sem teszünk rosszat senkinek. Azt azonban hozzá kell tenni, hogy a karma kiegyenlítődése magával hozhatja, hogy igazságtalannak tűnő helyzeteket élhetünk meg. Érzelmileg, fizikailag. Pl. rossz párkapcsolatban.

Én csak szeretek, és szeretnek mások is. Ez hitet, biztonságot ad. A szeretet puha, meleg fészek, amely megvéd és biztonságot ad. Védelem, mert ha szeretünk, nem feltételezünk másokról rosszat, így nem is vonzzuk be azt. Magasabbra kerülünk, más perspektívából látjuk az életet, az embereket. Ez segíteni fog.

A szeretetnek ki kell terjednie saját magunkra is! Szeresd magad olyannak, amilyen vagy! Nincs tökéletes a világon, de törekedj a jóra, a szépségre, a tisztaságra!

***

A szeretet megváltoztatja az egyéneket, egymáshoz fűződő közeli és távoli kapcsolataikat. Ez az egyetlen értelme ittlétünknek, létezésünknek. Mit tegyünk, hogy saját erőnkből jobbítani tudjunk helyzetünkön, hogy megtaláljuk saját magunkat?

Bennünk van a Teljesség iránti vágy. Ha nem tudjuk az ide vezető utat megtalálni, akkor leszünk boldogtalanok és betegek. A teljesség pedig a szeretetben lakozik. Ha több szeretetet, odafigyelést tudunk másoknak nyújtani, mi is többet kapunk figyelmükből, szeretetükből. Ez már egy óriási fejlődés, előrelépés lehet.

A tiszta érzelmek, a szeretet, a tolerancia lehetővé teszik, hogy vágyaink teljesüljenek, legyenek akár anyagi, akár más természetűek.

Bízzunk abban, hogy képesek vagyunk bármire, bízzunk abban, hogy nem vagyunk magunkra hagyva.

A szeretetnek ki kell terjednie saját magunkra is! Szeresd magad olyannak, amilyen vagy!

MIT ÁRUL EL VISELKEDÉSÜNK?

A viselkedésünk érzelem- és gondolatvilágunk kivetítése. A hármas egység működését mutatja: a tudatalatti, a lélek és az ego együttes közreműködése mutatkozik meg általa fizikai világunkban. Ez alapján is meg lehet ítélni a harmóniát a külvilág és köztem, illetve azt, hogy mennyire élek összhangban, mennyire vagyok őszinte önmagammal. Mint ahogy kialakul az a bizonyos tudatformánk, ezzel párhuzamosan kialakult egyfajta viselkedési forma is, amely mindenkinél különböző: más a célja, a kifejezési módja – bensőségesnek is lehetne nevezni. A viselkedésünk elemzése szintén nagyban segíthet bennünket abban a folyamatban, amely változásunkat igyekszik előtérbe hozni a külső történések tükrében. A külvilág legyen kontroll számunkra: vizsgáljuk magunkat, különböző szituációkban hogyan reagálunk, hogyan viselkedünk általában, mennyire vagyunk tudatosak e tekintetben, illetve mennyire működünk ösztönösen.

Viselkedésünk sok mindent elárulhat önmagunkról. A sikeres emberek szívesebben felvállalják magukat negatív viselkedésükkel együtt is, mint a sikertelenek. Határozottságot, magabiztosságot mutatnak, könnyedség, lazaság jellemzi őket. Erre kell törekednünk mindannyiunknak, ez a példa. Ehhez azonban önbecsülésre, őszinte szembenézésre, változtatásra van szükség.

HOGYAN MŰKÖDIK TÜKÖRKÉNT
A KÜLVILÁG?

Úgy kell elképzelni, mint a mozit: az Én, vagyis a gondolataim a vetítőgép, a környezet pedig a vetítővászon. Azt látom magam előtt, magam körül, amit kivetítek magamból, ami én vagyok. Mint a hologram.

Azok, akik nem tudnak igazán szeretni, szeretetlen környezetben élik mindennapjaikat. Ha képesek változtatni és szeretettel fordulni a világ felé, azt fogják tapasztalni, hogy szeretet veszi körbe őket. Ez azért lényeges, mert csak akkor tudunk elfogadóvá válni másokkal szemben, ha a szeretet bennünk van, és ennek fényében tekintünk másokra. Ha boldogok vagyunk, boldog a világ is körülöttünk, ha szomorúak, levertek, akkor feszültséget fogunk tapasztalni magunk körül.

Amíg környezetünkben negativitást tapasztalunk, addig foglalkoznunk kell gondolatainkkal, hiszen valószínűleg a félelem okoz problémát életünkben. Ha őszinték tudunk lenni, megtaláljuk magunkban azt a gondolatot, ami a feszültség forrása, ami meg nem értettséget, félelmet eredményez. A megoldást mindenképpen a szeretet hozza el az életünkbe. Ha igazán őszinték tudunk lenni önmagunkhoz, megtalálják a negatív gondolat forrását, és ha már szembesülünk vele és vágy ébred annak megváltoztatására, sikerrel fogunk járni. Nem tudjuk a világot megváltoztatni anélkül, hogy mi magunk ne változnánk. A szeretet legyen minden pillanatunk fő motivációja. A lelkünk az, amely az isteni szeretet hordozója jelen életünkben is.

BEFOLYÁSOLÁS ÉS AZ ÉN

Azokat az embereket lehet könnyen befolyásolni, akik nem magabiztosak. Ezek az emberek azt igénylik, hogy állandóan „fogja valaki a kezüket", maguk mellett érezhessenek valakit, aki erősebb karakterként érezhetően támaszt nyújt számukra.

Ez a folytonos segítségnyújtás tévútra vezethet, erős alkalmazkodás alakulhat ki a segítségkérőben. Ez nem azt jelenti, hogy ne kérjünk vagy nyújtsunk segítséget, mivel mindenkinek vannak olyan időszakai az életben, amikor nagyon fontos, hogy segítő kezek emeljék fel. De ezt követően, ha újra önmagára talál, el kell, hogy engedjék, mert ezt követően a segítség káros lehet az egyén fejlődése szempontjából. Fel kell vállalni magunkat kudarcainkkal együtt. Ez elől akkor sem menekülhetünk, ha fogják a kezünket. Sőt, sokkal érzékenyebben érint bennünket, mert a gondolat, hogy „védelem" alatt állok, tehetetlenné tehet és lehetetlenné válhat az egészséges állapot kialakulása, hogy azt mondhassam: fontos a hitem, biztos vagyok magamban, mindabban, amit hiszek, és bátran felvállalok olyan élethelyzeteket, amelyekben saját magamat kell megvédenem, képviselnem saját érdekeimet, amit nálam jobban senki sem tehetne.

Ebben a folyamatban, az önmagamra találásban is a legfontosabb tényező a hit. Hit az örök jóban, szeretetben és abban, hogy velem mindig az történik, ami számomra a legjobb. Lehet öröm, lehet kudarc is. De tudnunk kell, miért történt velünk, hogy tanuljunk belőle annak érdekében, hogy még egyszer ne fordulhasson elő életünkben. Nem az a cél, hogy folyton meneküljünk a megmérettetés elől, hanem hogy az átélt tapasztalatokat a magunk javára tudjuk fordítani.

Lehet, sőt szabad boldognak lenni! A negativitásunk, a rosszkedvünk, elégedetlenségünk, irigykedésünk, hazugságaink, félelmeink azok, amelyek bevonzzák életünkbe a „rosszat". Minden rajtunk múlik. Csak egyedül mi dönthetjük el, melyik legyen az uralkodó érzelem életünkben. Tudunk tenni azért, hogy életünket jó irányba állítsuk. Szeretni, odafigyelni a másikra olyan jó változást hoz, ami könnyebbé, boldogabbá teszi az életet.

Mivel ez egy folyamat, szükség van a fokozatosságra, nem kell türelmetlennek lenni. A változás más benyomásokat szül majd a környezetünkről, önmagunkról, ami tapasztalati szinten épül be a tudatunkba.

***

Azokat az embereket lehet könnyen befolyásolni, akik nem magabiztosak. Azonban a folytonos segítségnyújtás tévútra vezethet, erős alkalmazkodás alakulhat ki a segítségkérőben.

Fel kell vállalni magunkat kudarcainkkal együtt. Ez elől akkor sem menekülhetünk, ha fogják a kezünket.

Nem az a cél, hogy meneküljünk a kudarcaink elől, hanem hogy az átélt tapasztalatokat a magunk javára tudjuk fordítani.

KAPCSOLATUNK A TÁRGYAKKAL

A személyek és a tárgyak egy ugyanazon pontban találkoznak, kapcsolódnak össze: a tudat az, amely összeköt élőt élővel, élőt a tárggyal. Mindennek van tudata, ennek hiányában nem is léteznének. Ezért érezzük a tárgyak kisugárzását, amennyiben nyitottak vagyunk rá, vagy egyszerűen „csak" figyelünk rájuk. Sokan szívesen őrizgetnek kisebb-nagyobb tárgyakat nagy szeretettel, mert ezek a tárgyak kellemes érzéseket – amik egy-egy élethelyzethez, személyhez köthetők – keltenek bennük. Előhozzák belőlük azt a pillanatot, érzést, időszakot, amire szeretettel gondolnak vissza: a tárgy kisugárzása adja, és őrzi az akkori hangulatot. Ez lehet negatív is, illetve pozitív is. Ha nem szeretünk egy virágot vagy egy tárgyat, előbb-utóbb elpusztul, tönkremegy. A tárgyak alapvetően nem azért vannak, hogy kiszolgáljanak, hanem hogy segítsék a jóllétünket. Ugyanúgy működik ez, mint a személyek esetében. Ha szeretjük őket „gondoskodnak" kényelmünkről, és még a hangulatunkat is pozitívan befolyásolják.

Minden és mindenki irányában elsődleges feladat a szeretet érzésének kisugárzása, annak érdekében, hogy az életem ennek megfelelően szeretetben, harmóniában teljen.

Minden élőlénynek és tárgynak lelke van, mely tiszta és jóindulatú. A tárgyak lelkét is be lehet azonban árnyékolni negatív gondolati energiával ugyanúgy, mint az emberekét.

Egy alapos energetikai tisztogatás tárgyak esetében is ajánlatos lenne, különösen akkor, ha feltűnően kiszámíthatatlanná, megbízhatatlanná válik valami.

A tárgy is energia, ezért lehet rá hatni pozitív, illetve negatív gondolatainkkal egyaránt, mivel a gondolat is energia, és képes befolyásolni az energiateret, legyen szó akár személyről, akár tárgyakról.

***

A személyek és a tárgyak egy ugyanazon pontban találkoznak, kapcsolódnak össze: a tudat az, amely összeköt élőt élővel, élőt a tárggyal.

A tárgyak alapvetően nem azért vannak, hogy kiszolgáljanak bennünket, hanem hogy segítsék a jóllétünket. Ugyanúgy működik ez, mint a személyek esetében. Ha szeretjük őket „gondoskodnak" kényelmünkről, és még a hangulatunkat is pozitívan befolyásolják.

HOGYAN TEREMTSÜNK KAPCSOLATOT
A SEGÍTŐKKEL?

Ennek módja mindenekelőtt a figyelem befelé, önmagunk felé terelése, összpontosítása.

Ha kíváncsiak vagyunk, milyen formában, milyen alakban érkezik a segítség, legyünk erre figyelmesek, próbáljuk meg ezt érzékelni.

Vagyis kivel beszélgetek én? Ki van velem? Hogyan szólítsam? Mit kérdezzek, hogyan?

Először is, ne riadjunk meg, ha bármit is látunk, hallunk, tapasztalunk, mert azzal elriasztjuk a „jelenséget". Pontosabban a segítség mindig velünk van, csak az érzékelése függ a mi figyelmünktől. Tehát ha megijedünk, akkor olyan, mintha hirtelen becsuknánk az ablakot, és már nem is érzékelünk semmit abból a „másik világból". Fontos tehát a laza, szeretetteljes érdeklődés. Egyfajta nyitottság. Bármi érdekelhet bennünket, bármit megkérdezhetünk, a lényeg, hogy őszinték legyünk. Az őszinteség teszi lehetővé, hogy ez a kapcsolat egyre jobb és érthetőbb legyen számunkra. Azt se szégyelljük, ha úgy érezzük, butaságokat gondolunk vagy kérdezünk. Csak szeretet és szeretetlenség, csak őszinteség és hazugság, valóság és illúzió van. A butaság minden esetben a szeretetlenségből, így az őszintétlenségből fakad, és nem az ismeretek hiányát jelenti.

A tudás bennünk van, amihez csak akkor tudunk hozzáférni, ha őszintén számba vesszük önmagunkat, vágyainkat. Ha valóban szeretnénk egy bizonyos célt elérni. Ehhez mindig megkapjuk a megfelelő segítséget, ha nem is tudjuk pontosan, honnan fog érkezni. Nekünk csak annyit kell tennünk, hogy őszinték legyünk önmagunkkal. Az alapkérdés: ki is vagyok én? Mennyire valós az a kép, amelyet önmagamban dédelgetek önmagamról? Végig kell futnom gondolatban azokat a helyzeteket, amelyek akár pozitív, akár negatív hatással voltak rám. Ezt az alapos önelemzést követően már nyugodt szívvel vállalhatom fel vágyaimat is. Így sikerült kibányászni „bugyrom legmélyéről" azokat a vágyakat, amelyeket őszintén szeretném, ha megvalósulnának. Meg kell itt jegyeznem, fontos feladat mindannyiunk számára, hogy ebben a fizikai életben eddig eltöltött évek, évtizedek alapján kialakított kép önmagunkról nem a teljes kép. Nem vagyunk vele azonosak. Meghatározott feladatokkal, leginkább korrekciós feladatokkal, karma-kiegyenlítéssel érkeztünk ebbe az életünkbe. Tehát adósságrendezés volt elsődlegesen a feladat. Az adósságok kiegyenlítése után azonban már szabad emberként újraszerkeszthetjük az életünket, csak az a fontos, hogy ne ragadjunk abba az énképbe, amit a korábbi megéléseink, tapasztalásaink alapján kialakítottunk magunkról. Új alapokra helyezzük életünket, tiszta, őszinte vágyaink alapján.

Ez a mi feladatunk: idáig eljutni a folyamatban és ehhez a tiszta, őszinte vágyhoz kérjük a segítséget, amelynek érkezését bármilyen formában, bárhonnan kaphatjuk.

Bízni és hinni kell a segítség megérkezésében. Nézzünk egy példát! Gondolatban meghatározom, hogy XY-tól ezt és ezt szeretném megkapni, mert jelen helyzetemben ez lenne segítségemre. Ez nem megfelelő hozzáállás, nem feltételez nyitottságot, nem adok a segítőnek lehetőséget az eredeti probléma megoldására.

Nincs akkora rálátásunk saját életünkre, annak alakulására, hogy érdemes lenne kritériumokat, és ezzel irányt szabni a segítség érkezésének. Ebben is csak annyi a dolgunk, hogy nyitottak, figyelmesek legyünk, hogy észrevegyük a pillanatban rejlő segítséget, ami éppen akkor valamiért nagyon fontos és jó számunkra. Ne mindig csak nagy dolgok és nagy segítség érkezését várjuk. Lássuk, érezzük meg a pillanat impulzusait, amire csak akkor leszünk „vevők", ha figyelmünket mindig adott pillanatra összpontosítjuk. Mondogassuk magunknak, amíg nem válik automatikussá a figyelem, hogy „JELEN VAGYOK". Ezzel ébren tartjuk tudatunkat a jelen pillanatára, cselekedetére összpontosítva, és így nem fordul elő, hogy figyelmünk gondolatainkkal elkalandozik. Arról, amit éppen teszünk, megfeledkezünk, „automatikus vezérlésre" kapcsolunk, és már messze járunk gondolatainkkal, figyelmünkkel.

Ne tegyük ezt, mert elkalandozásunk nem teszi lehetővé az adott pillanatban létező, felénk érkező impulzusokat – bármit is teszünk éppen –, és így a kontaktus nem jön létre. Ez pedig kizárja a segítség érkezését. Minden pillanatban, minden mozdulatban, gondolatban benne van a segítség, de ha nem figyelünk rá, nem vesszük észre. Finom érzékelésre van szükség, amit a figyelem összpontosítása tesz lehetővé számunkra.

Mondhatjuk magunknak: MINDEN PILLANATOMAT ISTEN SZERETETÉBEN ÉLEM.

Összefoglalva tehát: a segítségkérésben számunkra az a legfontosabb – amit meg lehet és meg is kell tanulnunk –, hogy figyelmünket tudjuk összpontosítani, illetve irányítani.

Ha tiszta, őszinte szívvel, figyelmünket összpontosítva éljük minden pillanatunkat, létrejön a számunkra tökéletes harmónia és életünk pozitív irányba fordul, ami állandó lehetőséget biztosít a tanulásra, a további fejlődéshez.

A *csakrák* „energiakapuk", amelyeken keresztül az isteni energia (ami mindenben benne van) figyelmünknek köszönhetően beáramlik, illetve impulzusai „átfésülik" testünk sejtjeit, és az abban meglévő hármas egységet (ego, tudatalatti, lélek) „emlékezteti" a *minden egy* érzésére.

Ez jelent lazulást, harmóniát, amely a félelmek, mint blokkok oldásával érhető el. Az univerzális energia tehát nem plusz energia, tudatos „használata" egy „energia-fésű", mely lehetővé teszi – figyelmünknek köszönhetően – a sejtek átfésülését, rendezését, emlékeztetését az eredendőre.

Ezt az állapotot akkor tudjuk fenntartani, ha időről időre elvégezzük testünk, lelkünk átfésülését, fényesítését az Isteni energia segítségével. A csakráink is mint kapuk viselkednek, és nyitásuk, illetve zárásuk figyelmünktől függ: mit tartunk fontosnak, mire figyelünk leginkább, mennyire félünk. Ha nyitottak vagyunk és hajlandóak vagyunk figyelmet szentelni önmagunkra, és a mindenben meglévő isteni energia csodálatos létezését tudomásul vesszük, és szeretnénk azt önmagunk és mások javára, segítésére fordítani, abban az esetben a SZERETET, HARMÓNIA, HIT és a NYUGALOM lesz számunkra fon-

tos. Ezeket szeretnénk alkalmazni és megélni mindennapjaink-
ban. Ekkor csakráink is nyitottak, jól működnek, tökéletes útját
biztosítják az energia áramlásának.

Tudnunk kell, hogy mi egy folyamat részei vagyunk, és
amennyiben félelem vagy erős önzés alakul ki bennünk, ezek
gátként funkcionálnak e folyamatban. Ennek következtében
„sok problémával" éljük meg életünket, és nehéznek ítéljük
azt. Esetlegesen betegségek kialakulásával tetézzük „nehéz
sorunkat". Vegyük tudomásul, illetve önmagunkra és mások-
ra nézve is alkalmazzuk az elméletünket, miszerint nekünk
csak pozitív, éltető energiára van szükségünk, pontosan azért,
mert szeretjük önmagunkat, és szeretjük, elfogadjuk környe-
zetünket olyannak, amilyen. Ezt az erős pozitív szeretetener-
giát „működtetjük" magunkra nézve, ami a félelem oldását
eredményezi, illetve másokra nézve is, ennek következtében
elfogadóbbá válnak, ami nagyban megkönnyíti életünket. En-
nek hiányában életünk állandó harcot jelent önmagunkkal és
a külvilággal szemben is. Ezt eredményezi a szeretetlenség.
Ez nagyfokú félelemérzet kialakulását, illetve annak meglé-
tét mutatja önmagunkban.

Az energiának töltése van, és állandó mozgásban van. Mivel
energiatömegünk állandó, nem veszítjük azt el, és nincs szüksé-
günk „feltöltésre". Mivel az energia lehet negatív, illetve pozitív,
a „feltöltés" helyesen kiegyenlítés lenne, ami a negatív energia
pozitívvá változtatását jelenti. Ezt a szeretetenergia-impulzus
teszi lehetővé, és csakis az.

Figyelmünk segítségével, annak fókuszálásával, adott irány-
ba fordításával érhetjük el a szeretetimpulzus intenzív célba
juttatását.

A figyelem a hármas egység együttes irányba állása. Az, hogy
melyik világra (kinti, benti) figyelünk inkább és melyiknek tu-
lajdonítunk jelentőséget, függ az ego, a tudatalatti és a lélek
hármasságának részvételi arányától, ami viszont elvárási rend-
szerünk működésétől függ. Ha nincs sem magammal, sem má-
sokkal szemben elvárásom (nem az elvárásoknak megfelelő
felvett viselkedési formát követem), akkor a figyelmem inkább

befelé irányul a szeretetérzés kifejezés következtében. Ez teremt belső harmóniát és nyugalmat. Ez valóban biztonságot jelent.

Azért érzékelünk kint, bent, lent, fent stb. érzeteket, mert figyelmünk általában csak az egyik irányba képes figyelni, nem egészet érzékel. (Ezért fontos mindkettőre, belső világunkra illetve a környezetre figyelni – ha nem is egy időben –, mert így teljes az Egész.)

Rajtam múlik mi az, ami számomra valóban fontos. Efelé irányul a figyelem. Mennyire fontos, meghatározó számomra a másoknak való megfelelés, mások véleménye, iránymutatása, elvárása, vagy mennyire merem önmagamat, vágyaimat, érzéseimet szabadon megélni, érdekeimet képviselni, védeni. Ez mutatja tudati működésem minőségét. Megmutatja az önmagamhoz és az elvárási rendszerhez való viszonyomat. Miben hiszek.

Ne szabjuk, határozzuk meg pontosan, mit várunk el segítségül, bízzuk ezt a segítségnyújtókra. Történjen a legjobb, ami történhet.

A segítség, ami mindig jelen van és velünk van, a MINDEN-BEN létező isteni, vagyis a szeretetenergia. Ha hiszünk a szeretetben, az abban rejlő hatalmas erőben, könnyebben éljük mindennapjainkat, mert nem lesznek komoly konfliktusaink, „nehéz helyzeteink", nagy betegségeink, mert a szeretet óv, véd, és ez maga a segítség. Ez a szeretetenergia benne van mindenben és mindenkiben. Ez része a Mindennek, amely összeköt mindennel és mindenkivel. A Minden ismeri és tudja (és adja nekünk) ezt az érzést, amelyet csak követnünk kell. Az örök és tiszta szeretetet, az érzést, miszerint minden Egy.

Mindezek megtapasztalására többféle lehetőség is van. Többek között a jóga, meditációs gyakorlatok, tudatos technikák. Ezekre a módszerekre azért van szükség, hogy a figyelmünket a megfelelő irányba terelhessük.

A segítségkérésnek, illetve a figyelemnek („ráirányításnak") köszönhetően a Mindenben meglévő életenergia-impulzusokat – amelyek állandó kibocsátói az életenergiának, vagyis állandóan lüktetnek – magunkhoz hívjuk, utat engedünk neki, és mivel figyelmünk következtében ajtót nyitottunk a csakrákon, illetve sejteken keresztül, eljut hozzánk és a bennünk meglévő isteni energiát erősíti, illetve szabadítja fel az ego uralma alól. Ez annak köszönhető, hogy a beérkező impulzusok hatására – a figyelem következtében – erősebbé válik az eggyé olvadás a Mindennel. Még ha ez nem is tudatos számunkra, az univerzális energia kifejti jótékony hatását bensőnkben, ennek eredményeképpen gyógyulást, harmóniát, megnyugvást hozhat számunkra. Egy kellemes, jó érzés kerít hatalmába, amely ellazít, és úgy érezzük, feltölt. Ez az érzés az emlékeztető számunkra. Emlékeztető az Eredőre, az egyetlen dologra, ami fontos lehet itt is, ebben az életünkben, de az elkövetkezendőkben is, ha már nem a fizikai lét színterén leszünk jelen. Ez az egyetlen, amely összeköt mindent.

Az itteni életünkben meglévő ego sehol máshol nem lesz velünk. Ő a felelős – tapasztalásunk érdekében – a félelmeinkért és az anyagi világra való túlzott figyelemért. Azért, ami ma már úgy alakította az emberek értékrendjét, hogy abban kimagaslóan fontos szerepet kapnak az anyagi javak. A szeretet megközelítőleg sem éri el az anyagi javakra fordított figyelem nagyságát.

Az anyagi világ felé forduló túlzott figyelem, már a tapasztalatszerzésen túl, önmagunk ellen fordította azt.

Ez ellen csak azt tehetjük, hogy ebből a figyelemből kicsit visszaveszünk és a belső világunkra, a szeretetre kezdünk nagyobb hangsúlyt helyezni. Fontos az egyensúly, a harmónia. Hiszen felborul a kint és bent egyensúlya azáltal, hogy csak a külső világra figyelünk, csak az fontos számunkra. Ezzel elvész a harmónia és a szeretet. Így alakulhat ki az egyre szeretetlenebb, betegebb világ. Az a cél, hogy belülről kezdjünk hatni a külvilágra, és ne fordítva legyen. Valóban kezdjünk teremteni, a lelkünkből. A pozitív életenergia-impulzusok mindig jelen vannak és lüktetnek. Ez az energia, amely mindenben megtalálható, minden pici sejtben, „magunkhoz hívható" figyelmünk segítségével. Ez egy állandó és örök energialüktetés, amely mutatja, hogy nem vagyunk magunkra hagyva. A segítség mindig velünk van, ha szükségünk lenne rá.

A szeretet az isteni energia – amely mindenben benne van – impulzusa, egy állandóság segítésünk érdekében. Akkor nyitok ajtót ezeknek az impulzusoknak, ha érzem, hogy segítségre van szükségem, és tudom, honnan várom, figyelmemet erre irányítom. Ami azt jelenti, tudatában vagyok, és hiszek ennek a mindenben létező – így önmagamban is meglévő – szeretetenergia létezésében.

De ha mindezt nem hiszem, sőt elutasítom, figyelmemet más irányba fordítom, ezek az erőimpulzusok nem érnek el hozzám – én magam zárom el magamat előle.

Ha tudatában vagyunk annak, hogy ezek az impulzusok állandóak és mindenben benne vannak, akkor az adott pillanatra való figyeléssel (figyelem cselekvésünkre, történésekre, érzéseinkre) ezeket „kihasználva" segítséget kaphatunk oly módon, hogy a szeretetimpulzusokat beengedjük, ezzel egyfajta pozitív előjelű, nem tudatos kommunikáció alakul ki annak érdekében, hogy a lehető legjobb történjen velünk minden egyes pillanatban. Ennek működése következtében mi magunk is pozitív impulzusokat adunk ki a külvilág felé. Ezzel erősítjük egymást.

A mi pozitív kisugárzásunk, szemléletünk lehetővé teszi a tapasztalatszerzés könnyebbségét. Ugyanazt a feladatot ezzel a mentalitással sokkal könnyebbnek élem meg, ennek következtében könnyebben oldom meg, mintha örökké félelemben élve, szinte lehetetlennek érezném a feladat megoldását.

A feladat mindkét esetben ugyanaz, csak a figyelem irányítása következtében nem mindegy, hogy melyik megoldási módot választom. És ez nagyon fontos. A választás lehetősége mindig, minden esetben a mi kezünkben van. Minden esetben rajtunk múlik, hogy melyik utat választjuk.

Ha az előzőt, vagyis készek, nyitottak, szeretetteljesek kívánunk lenni, ennek érdekében figyelmünk segítségével a jótékony, pozitív energiaimpulzusok állandó „felvevői", „leadói" leszünk – vagyis működtetői –, és nem pedig gátjai.

Aki gátolja, blokkolja ezeknek az energiáknak a folyamatát, úgy érzi, magányos, egyedül hagyták, gyenge, beteg, ezért végtelenül szomorú, és már nem is a kilábaláson töri a fejét, hanem egyre mélyebbre süllyed a saját maga iránt érzett sajnálatban.

Ez a módszer nem segíti sem gyógyulásunkat, sem bármely feladat megoldását. Egyre távolabbinak, ennek következtében egyre nehezebbnek tartjuk a megoldás megszületését. Így lehet egyre több és több problémát, meg nem oldott feladatot felhalmozni, ami már káoszt okozhat életünkben.

Ha minden pillanatra figyelünk, vagyis a jelenben élünk, figyelmünk eredményeképpen pozitív impulzusok felvételére válunk nyitottá. Ezzel egyidejűleg mi is hasonlóan (cserébe) pozitív impulzusokat irányítunk kifelé. Ezért fontos, hogy azt tegyük, amit igazán szeretnénk, mert a szeretetteljes dolgok felé hamarabb, könnyebben megnyílunk.

Ha olyan feladatot végzünk, amit nem szeretünk, zártak maradunk a rendszerben, ezáltal nem kapunk és nem is adunk pozitív impulzusokat. Gátjává válunk a folyamatnak, amely a kölcsönös egymásra figyelésen, a szereteten alapul. Ettől az energiaimpulzustól leszünk többek annak érdekében, hogy mi is többet adhassunk másoknak.

Amennyiben egy „negatív" személlyel és az ő negatív kisugárzásával találkozunk, és mi nyitottak, azaz „felvevők" vagyunk, egy gondolattal ki kell zárni annak lehetőségét, hogy ez a negatív kisugárzás hatással legyen ránk. Ki kell jelentenünk magunkban – ez általános érvényű –, hogy nincs szükségünk a negatív kisugárzás felvételére.

Előfordulhat ennek ellenkezője is: ha nyitottak vagyunk a másikkal szemben, aki viszont tele van panasszal, problémával, esetleg betegségekkel, ez a panaszáradat, ami ránk zúdul, hatással lesz ránk oly módon, hogy kedvünket, hangulatunkat elronthatja és mi is elégedetlenné válunk egyfajta ráhangolódás következtében (pl. hosszas sorban állásnál, ha valaki hangosan ingerült, mi is azok leszünk).

Ezt ne engedjük meg, és kategorikusan zárjuk el magunktól az ilyenfajta és hasonló negatív megnyilvánulások impulzusait egy rövid gondolattal, melyben kijelentjük, hogy nekünk erre nincs szükségünk. Ennek következtében ezek a negatív impulzusok nem „támadnak ránk", nem jelentenek veszélyt számunkra ráhangolódásunk következtében. Meghallgathatjuk mások panaszait, de tudjuk mindig, hogy az nem a miénk és nem is kell magunkra venni azokat.

Miért olyan nehéz megcsinálni ezeket az egyszerű, világos, érthető dolgokat önmagunkban, az életünkben? Miért nehéz önmagunk lenni annak érdekében, hogy jobb és könnyebb legyen az életünk?

Az ember nem egyszerű „szerkezet". A jó és rossz érzékelése jelenti számunkra a támpontot viszonyításon alapuló világunkban. A nehézséget mindenképpen a félelem okozza. Félünk még a félelemtől is. Mindentől képesek vagyunk félni, ki-ki „vérmérsékletétől" függően. De a félelem benne van mindenben, ugyanúgy, mint a szeretet. Figyelmünk azonban sokkal inkább fókuszál a félelem irányába már csak azért is, mert az ego szereti egyeduralmi helyzetben tudni önmagát, és ezért szereti, ha figyelmünk irányát teljes egészében ő határozhatja meg. Ezért fókuszál figyelmünk inkább félelmeink, ennek következtében kialakult negativitásainak, és ennek köszönhetően újabb félelmek irányába.

Azért éljük meg nehézkesnek a változtatást, mert visszafelé kell elindulnunk a folyamatban ahhoz, hogy felgöngyölítsük, érthetővé tegyük helyzetünket önmagunk számára. Tehát a kérdésre keresendő választ kell megtalálni, amely kérdés így hangzik: „Miért vagyok ilyen? Miért kerültem ilyen helyzetbe?" És vizsgálódásunkat visszafelé kezdjük el. A kiépítésével ellenkező irányból.

Azt kell feltárnunk mindenekelőtt, hogy mitől félünk, mik okoznak félelmeket bennünk.

A nehézséget az alapfélelem felkutatása jelenti. Ha változásunkban nem tapasztaljuk meg ezt a félelemgyökeret, változásunk csak átmeneti, ideiglenes lesz. Ezt követően minden visszarendeződik alapfélelmeinknek megfelelően. Tehát hiába próbáljuk önmagunkat megváltoztatni, bizonyos negatív tulajdonságokat – amely ideiglenesen odafigyeléssel sikerült – illetően nagy, jelentős változást nem fog hozni életünkben, csak abban az esetben, ha a félelem gyökerét ismerjük fel és attól szabadulunk meg. Amíg ezt nem tesszük, sikerünk csak átmeneti jellegű lesz, és a visszarendeződés újra bekövetkezhet, újabb érthetetlenséget és ezzel újabb félelmet szülve.

***

A tudás bennünk van, amihez csak akkor tudunk hozzáférni, ha őszintén számba vesszük önmagunkat, vágyainkat. Ha valóban szeretnénk egy bizonyos célt elérni, ehhez mindig megkapjuk a megfelelő segítséget, ha nem is tudjuk pontosan, honnan fog érkezni. Nekünk csak annyit kell tennünk, hogy őszinték legyünk önmagunkkal. Az alapkérdés: ki is vagyok én? Vajon valóban megfelelek-e annak a képnek, amelyet önmagamban dédelgetek önmagamról? Végig kell futnom gondolatban azokat a helyzeteket, amelyek akár pozitív, akár negatív hatással voltak rám. Ezt az alapos önelemzést követően már nyugodt szívvel vállalhatom fel vágyaimat is. A pozitív életenergia-impulzusok mindig jelen vannak és lüktetnek. Ez az energia, amely mindenben megtalálható, minden pici sejtben, „magunkhoz hívható" figyelmünk segítségével. Ez egy állandó és örök energialüktetés, amely mutatja, hogy nem vagyunk magunkra hagyva. A szeretet, az isteni energia impulzusa egy állandóság segítésünk érdekében. Akkor nyitok ajtót ezeknek az impulzusoknak, ha érzem, hogy segítségre van szükségem, figyelmemet erre irányítom. Ami azt jelenti, tudatában vagyok és hiszek ebben a mindenben létező – így önmagamban is meglévő – szeretetenergia létezésében.

TESTEN KÍVÜLI ÁLLAPOT ÉS FEJLŐDÉS

A szellem célja a tanulás, tapasztalás. Ha kiutat keresünk nehéz helyzetünkben, megérkezhet a szellem tapasztalása révén a segítség. Álmunkban gyakran teszünk ilyen utazásokat, általában segítségkérés, kapcsolattartás céljából. El lehet érni meditációval a testen kívüliség érzését. Ennek fő jellemzője, hogy tudatában vagyunk az utazásnak, míg alvás közben nem tudatosul bennünk a „kintiség". Meditációban direkt módon érhető el ez az állapot. Ez egy laza, nyitott állapot, amikor tudatos ébrenlétünk is lehetővé teszi a testből való kilépést. Itt fontos a félelem teljes legyőzése. Ennek az állapotnak az eléréséhez tisztán kell értékelnünk önmagunkat, melynek következtében világos számunkra, hogy a félelem csak korlátunk lehet bármilyen belső utazásban, a fejlődésben. A testből való kilépés állapota több „funkciót" is elláthat. Távoli helyek megismerését, illetve távollévőkkel való kommunikációt tesz lehetővé. De természetesen a segítőkkel, a más dimenzióban létező lelkekkel is képes kapcsolatot tartani. Mindezt (természetesen) saját érdekünkben teszi. Ilyen pl., ha foglalkoztat bennünket egy kérdés, amelyre még nem tudjuk a választ. Vagy ha választás elé kerül az ember, tanácstalan, mit tegyen, mi a helyes, hogy lenne jobb. Ilyen, és ehhez hasonló kérdésre találunk választ többek között utazásaink alkalmával. Olyan módon, hogy esetleg már másnap reggel „véletlenül" eszünkbe jut valami, ami segít a döntésben. Az is lehet, hogy később adódik megoldás, pl. találkozom valakivel „véletlenül", és valami fontosat fog közölni velem. Csak figyelni kell minden pillanatra. Meg kell találnom a pillanatokban a választ a feltett kérdéseimre.

***

A test, lélek, szellem egységében a szellem a lélekrész és a tudatalatti testen kívüli „együtt utazása", melynek célja a tanulás, tapasztalás.

A testből való kilépés állapota több „funkciót" is elláthat. Távoli helyek megismerését, illetve távollévőkkel való kommunikációt tesz lehetővé. De természetesen a segítőkkel, a más dimenzióban létező lelkekkel is képes kapcsolatot tartani.

ELŐZŐ ÉLETEINK HATÁSA JELENÜNKRE

Két élet között, úgymond a „létközben", lehetőség nyílik egy új élet vázának kialakítására. Ennek alapján a korábbi életek együttes tapasztalatai és ezek tükrében új feladatok felvállalása, meghatározása. Ez annak érdekében történik, hogy tapasztalatainkat megfelelőképpen bővíthessük. Meg kell élnünk a rosszat, hogy tudjuk, mi a jó. Betegnek kell lennünk, hogy tudjunk hálásak lenni, hogy egészségesek vagyunk. Voltunk nyomorultak és gazdagok, vesztesek és győztesek, kihasználtak bennünket és mi is kihasználtunk másokat, csaltunk és voltunk erényesek: mindezek a tapasztalások szükségesek, hogy viszonyítási elven működő világunkban megértsük, mi is igazán a mi feladatunk, miért is vagyunk itt. Előbb-utóbb mindenki felteszi ezt a kérdést és választ próbál rá adni önmagának, hiszen minden megélt tapasztalat birtokunkban van. Az új élet vázát mi magunk alkotjuk. Megszületésünket, annak helyét, idejét is ennek megfelelően választjuk meg. Semmi nem történik az életünkben, amit ne vállaltunk volna fel. Az életünk működését mi szabályozzuk, egyetlen irányítói vagyunk, tehát nem lehetünk kívülállók sem életünk alakulásában, sem az Egészhez, a világhoz való viszonyunkban.

Semmi sem eleve elrendelt. Mindent, ami életünk folyamán velünk történik, az határoz meg, hogy mennyire tudatosan irányítjuk életünket, mennyire befolyásolnak hiedelmeink, félelmeink.

Nem a mi feladatunk elítélni másokat; ezt megteszik ők maguk. Lehet, hogy még ebben az életükben, lehet, hogy később. Vannak törvényeink, amelyek alapján a fizikai világ síkján próbáljuk eldönteni ki bűnös, ki ártatlan. Ez szükséges az „alkalmi rend" fenntartásához, de igazi eredménye akkor lesz, ha az egyén önmagában eredményesen tisztázza és helyre teszi a történteket. Ez az igazi „ítélet", és ez is a cél. Nincs eleve elrendelt, és nincs megváltoztathatatlan az életünkben.

***

Előző életeink tapasztalásai szükségesek, hogy viszonyítási elven működő világunkban megértsük, mi is igazán a mi feladatunk, miért is vagyunk itt.

Az életünk működését mi szabályozzuk, egyetlen irányítói vagyunk, tehát nem lehetünk kívülállók sem életünk alakulásában, sem az Egészhez, a világhoz való viszonyunkban.

Semmi sem eleve elrendelt. Mindent, ami életünk folyamán velünk történik, az határoz meg, hogy mennyire tudatosan irányítjuk életünket, mennyire befolyásolnak hiedelmeink, félelmeink.

A szerző

Ádám Zsuzsa 1961-ben született Miskolcon. Két sikeres gyermek édesanyja.

A könyvben megjelenő gondolatokat sprituális útja elején vetette papírra, az 1990-es évek közepén.

Sok kérdés merült fel ekkor benne – és azóta is –, az ezekre kapott belső hang válaszai tanították, vezették útján.

Ma is tanácsadással, lélek tolmácsolással foglalkozik. Úgy érzi, ezzel tudja segíteni az útkeresőket, mindazokat, akik megértést, megoldást keresnek az életükben felmerülő helyzetekre, feladatokra.

novum 📖 KIADÓ A SZERZŐKÉRT

A kiadó

Aki feladja,
hogy jobbá váljon,
feladta,
hogy jobb legyen!

E mottó alapján a novum publishing kiadó célja az
új kéziratok felkutatása, megjelentetése, és szerzőik
hosszútávú segítése. Az 1997-ben alapított, többszörösen
kitüntetett kiadó az egyik legjelentősebb, újdonsült
szerzőkre specializálódott kiadónak számít többek között
Ausztriában, Németországban és Svájcban.

**Valamennyi új kézirat rövid időn belül egy
ingyenes, kötelezettségek nélküli kiadói
véleményezésen esik át.**

További információkat a kiadóról és a könyvekről az
alábbi oldalon talál:

www.novumpublishing.hu